ATTRIBUTIONS DU COMMISSARIAT COLONIAL

AIDE-MÉMOIRE

POUR

LES SUCCESSIONS

DU

PERSONNEL DES COLONIES

PAR

Pierre NICOLAS

AIDE-COMMISSAIRE COLONIAL

PARIS

AUGUSTIN CHALLAMEL, ÉDITEUR

LIBRAIRIE MARITIME ET COLONIALE

5, RUE JACOB ET RUE FURSTENBERG, 2

1893

AIDE-MÉMOIRE

POUR

LES SUCCESSIONS

DU

PERSONNEL DES COLONIES

ATTRIBUTIONS DU COMMISSARIAT COLONIAL

AIDE-MÉMOIRE

POUR

LES SUCCESSIONS

DU

PERSONNEL DES COLONIES

PAR

Pierre NICOLAS

AIDE-COMMISSAIRE COLONIAL

PARIS

AUGUSTIN CHALLAMEL, ÉDITEUR

LIBRAIRIE MARITIME ET COLONIALE

5, RUE JACOB ET RUE FURSTENBERG, 2

1893

SUCCESSIONS

DU PERSONNEL DES COLONIES

SOMMAIRE

CHAPITRE II

CHAPITRE III

CHAPITRE IV

CHAPITRE V

CHAPITRE VI

CHAPITRE VII

CHAPITRE VIII

CHAPITRE IX

AVERTISSEMENT

« Nous avons maintes fois constaté
« combien est fâcheuse l'absence d'une
« sorte de Code colonial ; nous avons
« cherché à combler cette lacune, et
« nous serons heureux si ce travail
« peut épargner aux administrateurs
« les recherches que nous avons dû
« faire. »

(Dislère, préface de son *Traité de législation coloniale*.)

« La gestion des successions aux
« colonies est délicate. L'expérience
« montre, chaque jour, que peu de
« matières réclament plus de soins et
« plus de tact. »

(Charvein, *Cours d'administration à l'école coloniale.*)

La gestion des successions maritimes est difficile autant que délicate. Une législation éparse, une procédure complexe, laissent place à de nombreuses controverses et à de fréquentes hésitations qui, souvent, retardent d'une manière considérable la marche de la liquidation.

Sans aucune prétention didactique, dans le simple but d'éviter des recherches et des pertes de temps, je me suis efforcé de résumer, d'une façon pratique, les attributions du commissariat aux colonies, en matière de successions maritimes et, plus spécialement, de successions du personnel colonial (1).

Dans ce court « aide-mémoire » les chefs de détail des hôpitaux, des revues et de l'inscription maritime, qui concourent à la gestion de ces successions, pourront trouver, indiquées brièvement dans un ordre chronologique, si je puis m'exprimer ainsi, les formalités à remplir depuis le décès, jusqu'à l'envoi de la liquidation de la succession au ministre de la marine.

(1) En présence des différences notables qui existent dans le mode de procéder en usage dans chaque colonie, j'ai cru devoir prendre une colonie type, et j'ai plus particulièrement suivi dans cet exposé la manière usitée en Cochinchine.

CHAPITRE I

En principe l'État acquiert les successions en déshérence. — Le Code Civil garantit l'exercice de ce droit éventuel par une curatelle des biens vacants.

Première exception à ce principe en faveur du domaine local des colonies qui bénéficie des biens en déshérence des particuliers, et des successions des colons qui, pendant trente années, ne sont pas réclamées. — Les droits du domaine local sont sauvegardés par l'institution de la curatelle d'office des successions vacantes, spéciale à nos possessions d'outre-mer.

Deuxième exception au profit de l'Établissement des Invalides de la Marine qui augmente ses ressources, à défaut d'héritiers, des successions des officiers, fonctionnaires et soldats ressortissant au Département de la Marine et à l'Administration du Sous-Secrétariat d'État des Colonies. — Les Administrations du commissariat de la Marine et du commissariat colonial veillent aux droits éventuels de cet Établissement.

« Lorsque le défunt ne laisse ni parents au degré « successible, ni enfants naturels, ni conjoint sur- « vivant et non divorcé, la succession est acquise à « l'État. »

Les articles 767 et 768 du Code Civil affirment

ainsi les droits de la Nation aux successions en déshérence.

Aussi bien, susceptible, par l'application de la loi, d'augmenter son domaine privé, l'État a le devoir de sauvegarder ses droits éventuels.

Quand un décès se produit, quand une succession s'ouvre, après l'expiration des délais de trois mois pour faire inventaire, et de quarante jours pour délibérer, laissés aux héritiers (1), si personne ne se présente pour réclamer la succession, s'il n'y a pas d'héritiers connus, ou si les héritiers connus ont renoncé, la succession est réputée vacante, et le droit de propriété de l'État devient éventuel.

En conséquence, le Tribunal de première instance, sur la demande des personnes intéressées, ou sur les réquisitions du Procureur de la République veillant aux intérêts de la Nation, nomme un curateur aux biens vacants. Ce curateur administre la succession et assume la charge de rendre compte à qui il appartiendra, soit aux parents au degré successible, aux enfants naturels reconnus, au conjoint survivant non divorcé, soit enfin à l'État.

A ce principe, le législateur apporte deux seules exceptions : l'une au profit de nos colonies, l'autre au bénéfice de l'Établissement des Invalides de la marine.

---

(1) Art. 795 du Code Civil : « L'héritier a trois mois pour faire « inventaire, à compter du jour de l'ouverture de la succession.

« Il a de plus, pour délibérer sur son acceptation ou sur sa « renonciation, un délai de quarante jours qui commence à courir « du jour de l'expiration des trois mois donnés pour l'inventaire, ou « du jour de la clôture de l'inventaire, s'il a été terminé avant « les trois mois. »

Et d'abord, tombent dans le domaine local des colonies toutes les successions coloniales en déshérence et toutes les successions coloniales qui, sans être en déshérence, ne sont pas réclamées par les ayants droit, à l'expiration des délais de la prescription trentenaire de l'article 2262 du Code Civil (1).

Un curateur aux successions vacantes gère d'office, dans nos établissements d'outre-mer, à défaut d'héritiers présents, les successions des particuliers, dans l'intérêt des successibles, et, par ce fait, assure la bonne conservation des droits éventuels du domaine local, en cas de déshérence ou de prescription acquisitive.

Cette mesure d'exception en faveur de nos possessions lointaines se justifie aisément. En effet, les pouvoirs locaux des colonies s'efforcent de préparer aux colons le chemin de la fortune par des primes, des subventions, des concessions de terres. Souvent encore, les caisses locales s'ouvrent pour venir en aide à des colons malheureux. En retour, n'est-il pas équitable d'abandonner au domaine local d'une colonie les biens en déshérence de ses colons, et les successions qui, pendant trente années, ne sont pas réclamées.

En second lieu, l'Établissement des Invalides jouit

(1) Art. 2227 du Code Civil : « L'État, les établissements publics « et les communes sont soumis aux mêmes prescriptions que les « particuliers et peuvent également les opposer. »

Art. 2262 : « Toutes les actions tant réelles que personnelles sont « prescrites par trente ans sans que celui qui allègue cette pres- « cription soit obligé d'en rapporter un titre, ou qu'on puisse lui « opposer l'exception déduite de la mauvaise foi. »

aussi d'un bénéfice exceptionnel. A défaut d'héritiers, cette institution augmente ses ressources des successions des officiers, fonctionnaires et soldats ressortissant au département de la marine et à l'administration du sous-secrétariat des colonies, en un mot des successions dites maritimes qui englobent, par suite, les successions du personnel colonial.

Dans notre ancien droit, les successions maritimes, en cas de déshérence, se partageaient par tiers entre le roi, l'amiral et l'hôpital du port de retour.

En 1712, les parts du roi et de l'hôpital sont venues accroître les dotations de l'Établissement des Invalides grandissant.

L'Amiral lui-même, en 1791, abandonnait ses droits (1); dès lors, l'antique institution recueille la totalité des biens des hommes de mer décédés sans héritiers.

A différentes époques, les dotations des Invalides de la marine ont été convoitées par un gouvernement jaloux des richesses de cet établissement.

Au moment des grandes réformes de la Révolution, l'institution eut à défendre ses bénéfices et ses privilèges contre le flot des idées égalitaires et centralisatrices.

La fondation de Colbert dut cependant à son antiquité et à ses éclatants services de rester debout, presque au-dessus de la loi. L'ordonnance du 22 mai 1816 rétablissait les anciennes bases, maintenait les dotations, et conservait, enfin, à la caisse des Inva-

---

(1) Loi du 13 mai 1791 relative à la caisse des Invalides de la marine; Annexes, p. 181.

lides la totalité des successions maritimes non réclamées (1).

Dans le double but de sauvegarder les droits de l'institution des Invalides en cas de déshérence, et de veiller aux intérêts des héritiers absents, les administrations de la marine et des colonies, par les soins des officiers du commissariat, gèrent les successions maritimes.

Aux colonies, le commissaire de l'inscription maritime qui a la garde des intérêts des hommes de mer, conserve la gestion complète des successions des marins inscrits, et des passagers décédés à bord des bâtiments français, à défaut d'héritiers présents. Il appartient au commissaire aux armements de préparer la liquidation provisoire des successions des officiers embarqués et des marins des équipages de la flotte.

Toutes autres successions maritimes vacantes sont confiées au commissaire aux revues qui a charge de préparer les liquidations provisoires. La liquidation proprement dite, en effet, pour toutes les successions maritimes est établie par le commissaire de l'inscription maritime, seul contrôleur de la caisse des gens de mer, seul gardien des droits éventuels de l'Établissement des Invalides en l'absence de successibles.

Laissant de côté les successions du personnel des équipages de la flotte, gérées jusqu'à la liquidation provisoire par le commissaire aux armements, et les

(1) Ord. du 22 mai 1816, portant rétablissement de la caisse des Invalides de la marine; Annexes, p. 181.

successions des marins inscrits et des passagers décédés à bord des bâtiments français qui sont tout entières dans les attributions du commissaire de l'inscription maritime, cet « aide-mémoire », dans son cadre restreint, concerne exclusivement les successions vacantes des officiers et hommes de troupes de la marine ou de la guerre décédés aux colonies, et encore, les successions des officiers, fonctionnaires, employés ou agents civils ou militaires des services de la marine et des services coloniaux et locaux, également décédés dans nos établissements d'outre-mer (1).

---

(1) Les successions vacantes des fonctionnaires et employés des municipalités coloniales sont gérées, comme celles des particuliers décédés aux colonies, par la curatelle d'office; et la déshérence de ces successions ouvre les droits du domaine local.

Ces successions, en conséquence, échappent à tout contrôle de l'Établissement des Invalides de la marine, et ne rentrent en aucune façon dans les attributions du commissariat colonial.

CHAPITRE II

Conflit d'attributions entre le bureau des successions maritimes et la curatelle d'office des colonies. — Controverse.

Situation du commissaire aux revues en présence d'un héritier ou d'un exécuteur testamentaire.

Le commissaire aux revues, administrateur des successions maritimes vacantes, se trouve en fréquent rapport avec le service de la curatelle d'office du receveur de l'enregistrement, organisée aux colonies pour la gestion des successions litigieuses, immobilières ou purement « coloniales ».

J'appelle « succession coloniale » par opposition à « succession maritime », proprement dite, et à « succession du personnel colonial », les successions des « particuliers », c'est-à-dire, des personnes étrangères aux services de la marine ou aux services coloniaux et locaux.

Le commissaire aux revues est souvent aussi en présence d'un héritier ou d'un exécuteur testamentaire.

Et d'abord, qu'est-ce que la curatelle d'office ?

Dans nos possessions lointaines, les prévisions du Code Civil sont parfois insuffisantes. Lorsqu'une succession s'ouvre, les intéressés sont rarement présents.

Aussi, pour veiller aux intérêts des successibles, pour garantir au domaine local le bénéfice éventuel d'une succession en déshérence, le législateur avait depuis longtemps reconnu la nécessité de prévoir des règles spéciales aux successions et biens vacants dans les établissements français hors d'Europe.

Un édit du 24 novembre 1781 réglementait « les « successions vacantes dans les colonies de l'Amé« rique, et organisait la curatelle en titre d'of« fice, etc. »

Les arrêtés coloniaux des 1er et 25 vendémiaire, des 16 et 18 brumaire an XIV (nov. 1805), qui promulguent le Code Civil dans nos possessions d'outremer, maintiennent des réserves sur les articles 811 à 814, au titre des successions, section des successions vacantes.

Dans la suite, des actes importants établissaient une législation particulière. Enfin, un décret impérial du 27 janvier 1855 rajeunit la matière et constitue le code colonial des successions vacantes (1).

La curatelle de ces successions est confiée d'office aux receveurs de l'enregistrement ; « dès qu'une « personne étrangère aux services de la marine ou « des colonies décède sans héritier présent, le cura« teur fait apposer les scellés et procède à l'inven« taire, etc. » Nous sommes ici fort loin de la réserve du Code Civil. Le curateur n'attend pas l'expiration des délais de trois mois pour faire

(1) Annexes, p. 186.

inventaire, et de quarante jours pour délibérer, laissés aux héritiers dans la métropole ; il prend sur-le-champ les mesures conservatoires des droits éventuels du domaine local en cas de déshérence. Il sauvegarde, par ce fait, les intérêts des parents au degré successible, du conjoint survivant non divorcé, ou enfin des enfants naturels, absents de la colonie.

Tant vexatoire que paraisse l'article 11 du décret du 27 janvier 1855, que je viens de citer, la législation qu'il expose est confirmée par la jurisprudence constante de la Cour de Cassation. « L'éloignement « des intéressés rend ces mesures nécessaires et « d'ordre public. » — Arrêt de la Cour de Cassation du 25 novembre 1885.

Les successions des déportés et des transportés en cours de peine, sont soumises à une législation particulière, — Arrêté ministériel du 4 septembre 1879. Un décret du 11 juillet 1887 étend ces mesures législatives aux relégués. Et, dans nos colonies de la Guyane et de la Nouvelle-Calédonie, des curateurs pénitentiaires s'occupent de ces successions spéciales.

La curatelle d'office du receveur de l'enregistrement a dans ses attributions non seulement les successions vacantes des personnes étrangères aux services maritimes, coloniaux ou locaux, mais encore toutes les successions maritimes présentant un caractère litigieux ou immobilier.

En effet, la gratuité est le principe de la gestion du bureau des successions maritimes. Toutes les fois qu'une succession par sa matière litigieuse, ou par la présence d'immeubles, nécessite des frais, le commissaire aux revues a la faculté de se dessaisir et la curatelle prend en main la gestion.

Sur l'étendue de ce principe, une controverse s'élève : le bureau des revues soutient justement, à mon sens, qu'en vertu même de sa création, la curatelle n'intervient qu'en cas de graves difficultés dans le recouvrement d'une créance, ou en présence de biens immobiliers relativement importants.

En conséquence, le fait d'avoir à recouvrer une créance minime n'autorise pas le bureau des revues à abandonner la gestion d'une succession tout entière. Et si, dans une succession, la partie mobilière est, par exemple, de 20.000 fr., alors que la partie immobilière est de 200 fr., j'estime qu'il est du devoir du commissaire aux revues de conserver la gestion de la partie mobilière.

La curatelle étant fort onéreuse, l'administration du Commissariat, dans l'intérêt des successibles ne doit abandonner au curateur que la seule partie litigieuse ou immobilière de la succession. Il est inadmissible qu'un curateur prélève un droit de 5 ou 3 0/0 sur la partie nette et liquide d'une succession pour laquelle il n'a ni peines, ni soins, pour laquelle il n'a aucune avance à faire, toutes choses qui seules justifient le caractère onéreux de la curatelle du receveur de l'enregistrement et du domaine.

Comment admettre, en effet, le prélèvement d'un droit, sur l'argent trouvé au décès, sur le produit de la vente des meubles faite au bureau des revues, etc.!

Tel me semble l'esprit de la législation sur la matière. Une dépêche ministérielle du 24 mars 1881 et une circulaire du 30 avril 1890 m'ont paru affirmer cette théorie :

« L'administration de la marine est chargée spécia-
« lement de recueillir pour les faire parvenir aux « ayants droit, les décomptes de solde, les produits « d'inventaires, toutes les sommes, en un mot, qui « composent les successions maritimes. C'est une « mission officieuse en quelque sorte, et toute gra- « tuite, à laquelle elle ne saurait se soustraire, tant « à cause des intérêts des familles, qu'au point de « vue des droits de la caisse des Invalides à une « déshérence toujours éventuelle. Le curateur s'oc- « cupe de la liquidation de la partie immobilière et « litigieuse, et reçoit, à cet effet, des avances sur les « produits versés à la caisse des gens de mer. » — Dépêche ministérielle du 24 mars 1881, § II (1).

« Je crois devoir rappeler, que le décret du 27 jan- « vier 1855 a maintenu la compétence des agents de « la marine, pour l'administration exclusive des suc- « cessions des fonctionnaires et officiers. Il ne peut « être fait d'exception à cette règle que dans certains « cas peu nombreux, quand la succession doit sou- « tenir un procès, ou lorsqu'il s'agit de gérer ou de « vendre des immeubles : en un mot, *lorsque la suc- « cession présente une liquidation longue et diffi- « cile.* » Circulaire du 30 avril 1890 (2).

Ce dernier texte n'est malheureusement pas assez formel, le service de la curatelle, fort d'un rapport précédant le décret du 27 janvier 1855, interprète tout en sa faveur cette circulaire du 30 avril 1890 ; et le receveur de l'enregistrement prétend accaparer

(1) Annexes, p. 215.
(2) Annexes, p. 227.

la succession entière dès qu'il trouve dans l'une quelconque des parties de la succession ce caractère litigieux ou immobilier. La généralité des termes mêmes du dernier paragraphe du rapport cause tout le mal, par suite de l'interprétation trop personnelle de ce texte par le service de la curatelle.

« Enfin, dit, en effet, le rapporteur, l'article 25 du « décret du 27 janvier 1855 rappelle que les succes- « sions des fonctionnaires ou agents civils ou mili- « taires décédés dans les colonies, ne tombent pas « *de droit* sous l'administration des curateurs. Les « lois et ordonnances de la marine ont statué sur cet « objet, en déférant cette administration et les forma- « lités qui s'y rattachent aux commissaires aux « revues. Ceux-ci, dont le concours est d'ailleurs « entièrement gratuit, peuvent, lorsqu'ils le jugent « opportun, remettre à la curatelle la gestion de ces « successions : et ce cas se présenterait, sans doute, « lorsque les successions comprendraient un actif « considérable (1). »

Si l'on voulait même donner à ce texte une interprétation tout en faveur de la curatelle, il faudrait admettre que le commissaire aux revues se dessaisit dès qu'une succession présente « un actif considérable ».

L'esprit de la législation des successions maritimes, tel qu'il apparaît dans tous les actes officiels qui ont commenté et complété l'article 25 du décret du 27 janvier 1855, fondamental en la matière, s'accordent tous à donner à l'administration du commissa-

(1) Annexes, p. 185.

riat un pouvoir discrétionnaire. Le commissaire aux revues juge s'il est opportun de garder la gestion de la succession, ou s'il est préférable d'en laisser l'administration au curateur aux biens vacants.

Les textes visent, en général, deux genres de successions, les unes purement mobilières, les autres immobilières. La succession mobilière est gérée par l'administration du Commissariat, la succession immobilière ou litigieuse par la curatelle (1).

Doit-on conclure que le curateur s'empare à juste titre de toute succession présentant dans l'une quelconque de ses parties un caractère immobilier ou litigieux? Raisonnablement, non. La dépêche ministérielle du 24 mars 1881, § II, que j'ai citée, réduit, il me semble, à ses exactes limites, les prétentions de la curatelle.

Cette dépêche explique, à merveille, que la seule partie litigieuse ou immobilière doit aller au curateur : elle prévoit même le cas où il peut être nécessaire de faire sur la caisse des gens de mer des avances de fonds au service de la curatelle, pour la gestion de la partie de la succession, confiée à ce service!

Le commissaire aux revues garde la partie mobilière et non litigieuse; la curatelle gère la partie litigieuse et immobilière. Tel est le sens large de la dépêche de 1881. La curatelle refuse à tort, il me semble, d'appliquer ce texte dans le sens que j'indique, comme contraire à la législation de 1855 (2).

---

(1) Annexes: circulaire ministérielle du 25 juillet 1855, p. 187. Dépêches ministérielles des 16 juin 1859, p. 188, 7 mars 1868 et 24 mars 1881, p 203, 215. Circulaire min. du 30 avril 1890, p. 227.

(2) Arrêté M. du 20 juin 1864 : Annexes, p. 201. Dépêche M. du 20 décembre 1873 ; Annexes, p. 207.

Dans la plupart des colonies, les commissaires aux revues ont toléré les empiètements du service de la curatelle, et se sont dessaisis, en bloc, de toutes les successions présentant, dans l'une quelconque de leurs parties, un caractère immobilier ou litigieux.

Par ce fait, à quelque opinion qu'on se range, la discussion perd son intérêt pratique, pour devenir une discussion de doctrine, jusqu'à ce qu'une législation plus précise, et partant moins susceptible d'équivoque, vienne confirmer la théorie qui paraît se dégager des nombreux textes qui régissent actuellement la matière.

La gestion administrative des successions maritimes a été instituée dans le but de liquider sans frais et avec célérité les successions des fonctionnaires ou agents civils ou militaires, décédés dans les colonies, lorsque tous les héritiers ne sont pas présents ou représentés, soit par un mandataire, soit par un exécuteur testamentaire.

Encore bien, s'il existe un testament, pour que le bureau des successions devienne incompétent, il faut que ce testament institue un héritier, ou désigne un exécuteur testamentaire présent dans la colonie.

Sur ce point même, la compétence du bureau des successions a été restreinte de plus en plus. En fait, le commissaire aux revues n'intervient qu'à défaut de la présence dans la colonie, au moment du décès, d'un seul héritier ou d'un seul légataire. Ceux-ci font nommer eux-mêmes par le tribunal un curateur d'office, et cette désignation paraît couvrir suffisamment la responsabilité de l'administration du commissariat.

Cependant, la présence du testament seul n'autorise pas le bureau des revues à se dessaisir, il faut la présence d'un héritier ; mais le fait de la présence d'un seul héritier au moment du décès autorise le délaissement complet de la succession ; à condition, toutefois, que cet héritier fasse homologuer le testament par le président du tribunal, et présente au commissaire aux revues un envoi en possession. Peu importe la qualité de l'héritier. Le commissaire aux revues se retire même devant la femme du défunt qui n'a droit qu'à un simple usufruit (1).

(1) Dépêche M. du 28 juin 1880 portant communication d'un arrêt de la Cour de Cassation ; Annexe, p. 212.

CHAPITRE III

Procédure suivie pour l'administration des successions maritimes.

Attributions des commissaires aux hôpitaux et aux revues, et du Commissaire de l'inscription maritime (1).

Décès à l'hôpital. — Avis donné par le commissaire aux hôpitaux.

Si le décès a lieu à l'hôpital, le commissaire aux hôpitaux avise aussitôt le commissaire aux revues de la date du décès, de la cause de la mort et du jour de l'inhumation — I (2).

Le commissaire aux successions se fait immédiatement délivrer par l'officier de l'état civil deux expéditions de l'acte de décès, légalisées par le président du tribunal et par le gouverneur.

Enregistrement du décès au bureau des successions maritimes.

Le commissaire aux revues a charge d'inscrire le décès sur un registre répertoire des décédés et de leurs successions.

---

(1) Dépêche ministérielle du 10 juin 1859, p. 188.
Instruction générale du 19 décembre 1859 : Annexes, p. 190.
Circul. M. du 7 mars 1868, Annexes, p. 203.
Décret du 14 mars 1890, Annexes, p. 227.

(2) Les chiffres romains renvoient aux modèles d'imprimés qui sont insérés dans ce volume.

Sur ce registre, coté et parafé par première et dernière, sont notés les renseignements essentiels qu'on a pu recueillir sur le défunt et les grandes lignes de la liquidation de la succession (1). — II.

Préparation du dossier de la succession.

Le commissaire aux revues réunit les documents intéressant la succession, donne un numéro au dossier (2) et établit un bordereau sommaire de toutes les pièces dont il a la garde. — III (3).

Inventaire fait à l'hôpital par le commissaire aux hôpitaux.

Le commissaire aux hôpitaux fait l'inventaire des effets, argent, bijoux et objets de toute sorte, trouvés à l'hôpital. A la réception d'une expédition de cet inventaire, le commissaire aux successions fait transporter les effets et objets du défunt dans ses

---

(1) Le commissaire aux revues inscrit sur le registre répertoire des décédés, le numéro du dossier qu'il réunit, les nom et prénoms du défunt ; son grade ou son emploi, le service ou le corps auquel il est attaché, le numéro matricule s'il y a lieu, la date et l'endroit du décès.

Les autres renseignements se rapportant aux différentes phases de la liquidation, ne peuvent être mentionnés que plus tard, au cours des opérations.

(2) L'indication de ce numéro a une importance pratique considérable ; en effet, dans les opérations de liquidation, dans les ventes par exemple, qui portent sur les effets mobiliers de plusieurs successions différentes, le numéro d'ordre permet de faire la répartition des sommes réalisées.

(3) Sur la chemise destinée à renfermer les documents de la succession, il est d'usage, pour éclairer les recherches ultérieures

magasins, et donne reçu sur le registre spécial des inventaires tenu à l'hôpital. — IV.

Décès en ville.

Si le décès d'un fonctionnaire ou d'un agent civil ou militaire a lieu en ville, le maire a le devoir d'en informer, dans le plus bref délai possible, le commissaire aux revues.

L'officier de l'état civil délivre à l'administration des successions deux expéditions de l'acte de décès légalisées dans les formes ordinaires. — V.

Certificat de genre de mort.

Le commissaire aux revues fait produire, par le dernier médecin qui a donné des soins au défunt, un certificat de genre de mort. Si le décès est survenu à l'hôpital, le médecin en chef envoie lui-même au bureau des successions un certificat de genre de mort, dressé en deux expéditions. — VI.

Le certificat de genre de mort et d'origine de maladie est un document d'une importance capitale, au point de vue des droits de la veuve ou des orphelins à une pension (1).

---

de porter quelques indications sommaires sur le décédé, les noms et prénoms des héritiers connus et les renseignements recueillis sur eux.

Cette enveloppe forme, de plus, bordereau des pièces du dossier, avec mention du numéro de ces pièces et de la date de leur réception. Circul. lieutenant gouverneur de la Cochinchine du 12 juillet 1888; Annexes, p. 223.

(1) Le médecin certifie avoir donné des soins au malade de telle date à telle autre date, jour du décès; il indique sommairement

Renseignements nécessaires pour administrer la succession.

Le commissaire aux successions doit s'entourer de tous les renseignements concernant le défunt, qui pourront, de quelque manière, éclairer sa gestion. Son premier soin est, naturellement, d'inviter le chef du service, auquel appartenait le décédé, à lui fournir, d'après les documents et renseignements officiels, ou tous autres en sa possession, les indications indispensables pour procéder à la liquidation de la succession (1). — VII.

Apposition des scellés.

A la première nouvelle du décès, le commissaire aux revues, ou son délégué, se rend au domicile du défunt, et appose les scellés.

Il n'est pas inutile d'insister sur l'importance qu'il y a de faire diligence dans l'accomplissement de cette formalité légale.

Dans nos colonies, les habitations, généralement

---

mais d'une façon précise, la maladie dont était atteint le malade Ce certificat porte la signature du médecin celle du chef du service de santé, et enfin la légalisation du gouverneur de la colonie.

(1) Les chefs de service, avec la plus grande célérité, donnent satisfaction aux désirs exprimés par le commissaire aux revues. Ils indiquent les nom et prénoms, la date et le lieu de naissance. l'adresse exacte du décédé, son grade ou son emploi : sa filiation, l'adresse de ses père et mère. Ils notent soigneusement les renseignements divers pouvant intéresser les héritiers de la succession. Les nom et prénoms de l'époux survivant sont mentionnés, s'il y a lieu, avec les prénoms, l'âge, le nombre des enfants s'il en existe.

éloignées les unes des autres par de larges jardins, et grandes ouvertes à tout venant, ne peuvent rester, sans risques, dépourvues de surveillance. Souvent, dans nos possessions d'Extrême-Orient, par exemple, le personnel domestique de la maison ne tarde pas à se livrer à des déprédations, sensiblement préjudiciables aux successibles dont le bureau des successions a mission de sauvegarder les droits (1). — VIII.

Avis d'ouverture de succession.

Dès que le commissaire aux revues s'est assuré, par le dépouillement des papiers du défunt, de la compétence de son bureau pour la gestion de la succession qui s'est ouverte, il fait insérer au journal officiel de la colonie, à la partie « Revues », un avis d'ouverture de succession.

Par ce fait, les créanciers et les débiteurs sont mis en demeure de produire leurs titres, ou de se libérer, vis-à-vis de la succession, dans le plus bref délai : ce délai est généralement de trente jours. — IX.

Envoi au département de l'acte de décès et du certificat de genre de mort.

Un extrait de l'acte de décès et une expédition du certificat de genre de mort sont envoyés au sous-

(1) Le commissaire aux revues enlève immédiatement tous les papiers supposés importants, appose les scellés, et dresse un procès-verbal d'apposition de scellés, constatant qu'à telle date, il s'est rendu au domicile du décédé. Il constate l'apposition des scellés sur les issues donnant accès dans le logement ; il indique le gardien requis pour la surveillance des scellés. Il signe, enfin, le procès-verbal et le fait signer au gardien et au témoin.

secrétaire d'État chargé des colonies. Cet envoi se fait par les soins du chef des services administratifs, si le défunt était officier ou agent du commissariat colonial. Si le décédé était un fonctionnaire ou agent civil, le directeur de l'intérieur est chargé de ce soin. Si encore le défunt était officier ou homme de troupe de la marine ou de la guerre, l'envoi des pièces est opéré par l'intermédiaire du commandant supérieur des troupes.

Levée des scellés et inventaire.

Trois jours au minimum après l'apposition des scellés (1), le commissaire aux revues procède à la levée desdits scellés (2), et fait inventaire. Le procès-verbal d'inventaire, arrêté et signé par le commissaire et par les témoins, est transcrit textuellement sur le registre d'inventaire tenu au bureau des successions. — X. XI.

Le commissaire aux revues fait transporter, dans les magasins spécialement affectés aux successions, les effets et objets divers inventoriés (3).

---

(1) Article 928 du Code de procédure civile.

(2) Le commissaire aux successions assisté d'un témoin se transporte au domicile du défunt, et constate, dans un procès-verbal, que les scellés étaient intacts, il affirme qu'il les a brisés, qu'il a donné décharge au gardien des scellés, il certifie enfin qu'il a dressé l'inventaire des effets et objets du décédé. Le témoin et le commissaire aux revues ou son délégué signent le procès-verbal.

(3) Si les objets, pour une raison quelconque, ont été transportés déjà au magasin des revues, c'est dans le magasin que l'on procède à l'inventaire. En tout état de cause, le commissaire aux revues dresse un procès-verbal d'inventaire dans la même forme. Il désigne chaque effet et chaque objet, il donne un numéro d'ordre à chaque pièce : il indique en chiffres, puis en toutes lettres, les quantités de chaque espèce.

Procédure spéciale suivie pour les bijoux et objets précieux.

Au moment où l'on dresse l'inventaire, les bijoux et objets précieux sont séparés des autres effets mobiliers, et déposés dans la caisse de sûreté du Trésor, par les soins du commissaire de l'inscription maritime.

Un procès-verbal de dépôt de bijoux est dressé en double expédition par le commissaire aux revues. Une des expéditions reste au bureau des successions, et fait partie d'un registre tenu à cet usage. — XII.

La seconde expédition est destinée au trésorier, dépositaire des objets précieux.

Ces procès-verbaux sont soumis au contrôle du commissaire de l'inscription maritime, liquidateur définitif des successions maritimes dans la colonie, qui tient un carnet des bijoux remis à la caisse de sûreté du trésorier. — XIII (1). — Décret du 11 août 1856 art 180.

Le commissaire de l'inscription maritime invite le trésorier payeur, caissier des gens de mer, à recevoir dans la caisse de sûreté du Trésor les objets énumérés sur le procès-verbal (2).

---

(1) Sur ce carnet de dépôt, chaque objet est inscrit avec un numéro d'ordre. Sont indiqués, la date des dépôts, les noms, prénoms et qualité des décédés. Il est fait une description sommaire de chaque pièce. Une dernière colonne est réservée pour l'indication de la suite donnée au dépôt, et de la date des remises.

(2) Dans les corps de troupes existent des registres destinés à l'inscription des bijoux des décédés.

Envoi en France des bijoux et objets précieux par les soins du commissaire de l'inscription maritime.

Les bijoux et objets précieux parviennent aux familles par l'intermédiaire du Ministre.

L'envoi de ces objets est fait par les soins du commissaire de l'inscription maritime.

A chaque passage dans la colonie de transports de l'État, ou de navires affrétés, le commissaire de l'inscription maritime confie au commandant du bord les bijoux appartenant aux successions dont la liquidation a déjà été transmise en France.

Le commissaire de l'inscription maritime invite le commandant du navire à venir prendre charge des objets précieux chez le trésorier (1) ; et au jour et à l'heure indiqués il dresse, séance tenante, un procès-verbal constatant le retrait de la caisse de sûreté du Trésor des divers bijoux et objets précieux provenant de successions maritimes et destinés à être envoyés en France (2).

Ce retrait est opéré par le commissaire de l'inscription maritime ou son délégué assisté du Trésorier

---

(1) Ces communications se font dans plusieurs colonies par l'intermédiaire du gouverneur.

Le commissaire de l'inscription maritime informe le commandant du jour et de l'heure qu'il a fixés pour faire la remise des bijoux ; il le prie de désigner un officier de son bord pour venir en prendre livraison chez le trésorier ; ce dernier reçoit également avis de la convocation.

(2) Le procès-verbal indique le numéro d'ordre et la date du dépôt, la désignation des successions et des objets.

payeur faisait fonction de Trésorier des Invalides de la marine (1).

Les objets énumérés sur le procès-verbal sont placés dans une boîte immédiatement fermée, scellée et revêtue de l'adresse du préfet maritime de l'arrondissement destinataire.

Ce procès-verbal est établi en cinq expéditions, soit : une pour le Ministre (2), une pour le commandant du bâtiment, une pour le préfet maritime (2), une pour le trésorier, une dernière expédition est déposée aux archives du bureau de l'inscription maritime.

Si le navire est un « affrété », une expédition supplémentaire doit être remise au commissaire du gouvernement à bord (3). — XIV.

Argent trouvé au décès; créances recouvrées; remises à la caisse des gens de mer.

L'argent trouvé au décès fait l'objet d'une remise à la caisse des gens de mer, faite par le commissaire aux revues.

---

(1) Dans quelques colonies, les envois de bijoux sont faits par les soins du commissaire aux revues; il me paraît meilleur de laisser cette tâche au liquidateur définitif des successions, au commissaire de l'inscription maritime.

(2) Par l'intermédiaire du gouverneur de la colonie, le commissaire de l'inscription maritime envoie au Ministre et au préfet maritime les expéditions qui leur sont destinées, et les informe par lettre de l'envoi des objets précieux.

(3) Le délégué du commandant, le trésorier des Invalides, le délégué du commissaire de l'inscription maritime et enfin le chef du service administratif signent le procès-verbal de retrait des bijoux.

Les mandats au profit du décédé, les créances recouvrées, le produit de la vente d'effets mobiliers du défunt, s'il y a lieu, sont encore l'objet de remises. En un mot, tout l'actif de la succession est déposé à la caisse des gens de mer. XV — XV *bis* (1).

L'état de remise est dressé en trois expéditions, deux expéditions vont au trésorier des Invalides, la troisième reste au bureau des revues. Sont jointes aux états de remise, les pièces justificatives, c'est-à-dire, les extraits d'inventaires, les procès-verbaux de vente enregistrés par le receveur d'enregistrement, les mandats de solde, etc.

On a coutume dans les bureaux des successions de tenir un cahier d'enregistrement des remises faites à la caisse des gens de mer. Ce registre, aucunement réglementaire, est fort utile pour préciser rapidement, en vue de la liquidation, l'actif de la succession. — XVI (2).

État de remise; mandat de recette.

L'état de remise indique le chapitre de recette à la caisse des gens de mer, le nom du défunt, le motif de la remise et la somme à verser.

---

(1) Loi du 13 mai 1791 relative à la caisse des Invalides de la marine, art. 4; Annexes, p. 181.

Ord. 22 mai 1816, art. 5. Annexes, p. 182.

Règlement du 17 juillet 1816, art. 16 et 23. Annexes, p. 182.

Dépêche M. du 15 juin 1874 : Annexes, p. 208.

(2) On réserve une case à chaque succession sur ce registre, puis on note à chaque nouvelle remise le numéro de l'état, le numéro de l'enregistrement à l'inscription maritime, la date, le motif, le montant de la remise, et enfin le numéro du récépissé du trésorier.

Le commissaire aux revues transmet cet état au commissaire de l'inscription maritime qui l'enregistre — XVII. — et établit à l'appui un mandat de recette.

Par ce mandat le trésorier des Invalides, caissier des gens de mer, est invité à recevoir et à employer dans ses écritures le montant de la remise. — XVIII.

Ces mandats sont enregistrés au bureau de l'inscription maritime sur le journal de recette de la caisse des gens de mer.

Le trésorier encaisse les fonds, et prend en charge sur l'état de remise la somme portée sur le mandat de recette. — XIX.

CHAPITRE IV

Formalités relatives à l'envoi en France des objets, autres que les bijoux et objets précieux, destinés à la famille des décédés (1).

Le commissaire aux revues dépose dans la caisse de sûreté du trésorier les bijoux et valeurs; il verse à la caisse des gens de mer l'argent trouvé au décès et toutes les sommes qui sont venues accroître l'actif de la succession; il n'a plus en mains que des valeurs matières. La succession ne peut être réglée qu'après la conversion en argent de ces dernières valeurs: il faut vendre.

Cependant tous les objets laissés par le défunt ne seront pas vendus. L'administration des successions maritimes croit devoir prévenir les pieux sentiments de la famille du décédé. En effet, certains objets se présentent comme devant avoir pour les parents un précieux intérêt de souvenir.

---

(1) Circul. M. du 25 mai 1846, ch. produits d'inventaire et de successions; Annexes, p. 183.
Circul M. 9 juin et 12 juillet 1887; Annexes, p. 220 et 222.

Choix des objets destinés à la famille du défunt.

Le commissaire aux revues a la délicate mission de distinguer les objets à envoyer en nature, de ceux destinés à être réalisés en argent. Il apporte dans ce choix le plus grand soin et le plus grand tact, en se basant sur la valeur, l'utilité, le peu d'encombrement et le souvenir. Les armes, les portraits, les lettres, en prenant garde de ménager toutes les susceptibilités, sont envoyés aux familles. Les papiers qui présentent un intérêt pécuniaire sont naturellement conservés au dossier de la succession, les autres sont brûlés.

Facture d'envoi.

Les objets destinés aux parents sont envoyés en France par transport de l'État ou par navire affrété, pour ne pas grever la succession de frais de transport (1).

Le bureau des successions établit une facture d'envoi pour toutes les successions à envoyer. — XX.

Les effets et objets divers sont enfermés dans des caisses, et dans chacune d'elles on met habituellement une facture des objets contenus (2).

---

(1) V. Annexes, p. 220 et 222.

(2) Cette facture inventaire n'est pas obligatoire ; cependant une dépêche ministérielle spéciale au Tonkin, envoyée à la suite de pertes survenues parmi les objets provenant de successions et destinés aux familles, a rendu réglementaire l'établissement de cette facture.

La facture d'envoi constate les quantités expédiées, les numéros des articles de l'inventaire de chaque succession, et la désignation sommaire des objets (1).

Cette facture est dressée en cinq expéditions, soit :

Une pour le Ministre ;

Une pour le préfet maritime de l'arrondissement destinataire ;

Une pour le commissaire aux approvisionnements chargé d'assurer le transport ;

Une pour le commandant du navire ; et si le navire est affrété, une expédition supplémentaire doit être remise entre les mains du commissaire du gouvernement à bord.

Une dernière copie enfin est prise sur le registre des factures d'envoi tenu au bureau des successions maritimes (2).

Désinfection des colis.

Quelques jours avant l'embarquement, il est réglementaire de faire procéder à la désinfection des caisses contenant les objets ayant appartenu aux décédés (3).

Le commissaire aux revues s'adresse au chef du

---

(1) Sur une même facture sont groupés par succession les objets à envoyer aux parents, chaque colis est également distingué.

Le commissaire aux revues certifie au bas de la facture que les colis sont en bon état de transport, qu'ils ont été fermés à clefs, cordés, scellés à la cire devant témoin.

(2) Les factures d'envoi sont datées et signées par le commissaire aux revues et le chef du service administratif.

(3) Le transport des caisses à l'hôpital est fait par les soins du commissaire aux hôpitaux, qui met les voitures de l'hôpital à la disposition du commissaire aux revues.

service de santé ; et le prévôt de l'hôpital, conformément aux ordres qu'il reçoit de son chef de service, opère la désinfection à l'étuve des colis à expédier et dresse un procès-verbal de cette opération.

Les différents colis doivent figurer au procès-verbal, et cette pièce est établie en triple expédition, soit :

Une pour le Ministre ;

Une pour le préfet maritime destinataire ;

Une pour le commandant du transport de l'État ou du navire affrété (1). — XXI.

Les caisses reviennent au magasin des revues, et sont revêtues, chacune, d'un certificat de désinfection — XXII — et de l'adresse du préfet maritime de l'arrondissement destinataire (2). — XXIII.

Le commissaire aux revues présente à la signature du gouverneur de la colonie une demande d'embarquement, accompagnée de l'état d'encombrement des colis à expédier (3). — XXIV.

Dès qu'il a reçu l'autorisation d'embarquer les effets et objets qu'il a en magasin, le commissaire chargé des successions arrête un avis d'expédition. Cet avis doit être approuvé par le commissaire aux

(1) Le prévôt de l'hôpital et le commissaire aux revues signent le procès-verbal de désinfection.

(2) Cette adresse doit porter le nom de la succession, le numéro du colis, le nom du transport ou affrété, et enfin l'adresse du Ministre à qui le préfet maritime a charge d'expédier les caisses.

(3) Cet état indique le nombre et la désignation sommaire des caisses ou malles, leur encombrement, c'est-à-dire le cubage et le poids.

approvisionnements qui procède à l'embarquement des colis (1).

L'avis d'expédition est envoyé au préfet maritime avec la facture d'envoi qui lui est destinée. — XXV.

Le reçu donné par le commandant sur la facture d'envoi couvre la responsabilité du commissaire aux revues.

(1) Instruction générale du 1er octobre 1851, art. 180 et 222.

CHAPITRE V

Vente des objets provenant de successions maritimes (1).

Après l'envoi aux familles des objets qui leur sont destinés, il reste entre les mains de l'administrateur des successions maritimes les valeurs matières qui doivent être converties en argent (2).

Avis de vente. — Affichage.

Quinze jours avant la vente, le commissaire aux revues fait insérer un avis au journal officiel et fait apposer des affiches.

Le public est ainsi informé de la vente aux enchères au plus offrant et dernier enchérisseur des effets, meubles, livres, vaisselle, armes, etc., provenant des successions maritimes. — XXVI. — XXVII.

---

(1) Règlement du 17 juillet 1816, art. 23 : Annexes, p. 182

(2) La vente est opérée un an et un jour après l'ouverture de la succession ; mais en fait, à cause du dépérissement que pourraient subir les effets et objets dans les pays chauds, on n'attend pas, pour vendre, les délais d'un an et un jour prescrits par le Code Civil. Dès que le commissaire aux revues a trois ou quatre successions, il procède sans tarder aux formalités de la vente.

Vente opérée par le commissaire aux successions.

Les objets à vendre sont réunis par succession, et groupés en lots numérotés.

Le jour de la vente le commissaire aux successions procède à la vente aux enchères publiques de chaque lot séparément. Un registre des procès-verbaux de vente constate les opérations (1).

Délivrance aux adjudicataires d'un ordre de recette provisoire.

Le commissaire aux successions délivre à chacun des adjudicataires un ordre de recette provisoire, portant les totaux, par successions, des sommes à verser au Trésor à l'acquit de ces successions. Le mandat définitif de recette est établi, dans la suite, par le liquidateur définitif, par le commissaire de l'inscription maritime (2).

L'adjudicataire présente l'ordre de recette au Trésorier Payeur de la colonie qui reçoit la somme, et la comprend provisoirement dans ses écritures, au compte : « Divers, leur compte de recettes à clas- « ser (3). » — XXIX.

---

(1) Les numéros d'inventaire de chaque succession et les numéros de chaque lot sont inscrits sur le procès-verbal avec la désignation sommaire du contenu de chaque lot.

Le nom des adjudicataires et le prix d'adjudication sont notés sur le registre des procès-verbaux de vente.

(2) Les ordres de recette provisoire sont enregistrés au bureau des successions maritimes, en vue de l'établissement des états de remise.

Arrêté du Gouverneur de la Cochinchine du 5 août 1873 : Annexes, p. 205 portant application de la Circul. M. du 23 nov. 1860.

(3) Autrefois les sommes provenant de cette source étaient com-

Délivrance des objets aux adjudicataires.

L'adjudicataire sur la présentation, au bureau des successions, du récépissé qui lui a été donné par le caissier du Trésor, retire les lots qui lui appartiennent. — XXX.

Remise à la caisse des gens de mer du produit de la vente.

Lorsque le commissaire aux successions a en mains tous les reçus délivrés par le Trésorier aux adjudicataires des différents objets vendus, il dresse un état de remise des fonds à la caisse des gens de mer. — XV.

A l'appui de l'état de remise doit être jointe une copie enregistrée du procès-verbal de vente (1).

L'état de remise arrêté par le commissaire aux revues fait l'objet d'un mandat de recette au profit de la caisse des gens de mer établi par le commissaire de l'inscription maritime à qui seul appartient le mandatement et l'ordonnancement des sommes appartenant à l'Établissement des Invalides de la marine. — XVIII (2).

---

prises dans le compte: « Correspondants des trésoriers coloniaux. « opérations pour compte de l'Établissement des Invalides de la « marine à appliquer ultérieurement. »

Une circulaire du Ministre des Finances en date du 28 août 1891 a supprimé ce compte, ou plutôt l'a fondu avec le « compte divers de recettes à classer. »

(1) Le receveur de l'enregistrement opère sans frais pour les ventes au-dessous de 200 fr.: si le total général dépasse cette somme, le receveur perçoit la taxe et donne reçu sur le procès-verbal.

(2) Circul. M. du 25 mai 1846, ch. produits d'inventaires et de successions: Annexes, p. 183

CHAPITRE VI[1]

Liquidation provisoire faite par le commissaire aux revues.

Liquidation définitive pour la colonie, établie par le commissaire de l'inscription maritime.

Clôture de la liquidation à Paris.

L'administrateur des successions maritimes dessaisi des valeurs matières, tant par la vente que par les envois faits aux familles des décédés, n'a plus à s'occuper que des valeurs financières. Il réunit les éléments du crédit et du débit de chaque succession, et prépare ainsi une liquidation provisoire (1) (2).

Production des titres des créanciers de la succession.

Les créanciers, avertis par l'avis d'ouverture de la succession inséré au journal officiel de la colonie, se

(1) Circul. M. du 7 mars 1868 ; Annexes, p. 203.

(2) S'il se présente au cours de la liquidation des cas douteux, des créances ou des dettes mal définies, le commissaire aux revues doit s'entourer de renseignements. Il s'adresse à l'administration du fonctionnaire décédé, et si cela est nécessaire, il confère avec les amis du défunt.

présentent au bureau du commissaire aux revues, dans le mois qui suit l'insertion, et justifient leurs créances.

Les commerçants produisent leurs factures, en trois expéditions, dont une sur timbre s'il y a lieu, signées et légalisées, suivant le cas, par le maire, l'administrateur, le résident ou le gouverneur (1).

Une expédition demeure au bureau des revues; les deux autres sont transmises, plus tard, avec le compte de liquidation provisoire, au commissaire de l'inscription maritime qui joint la facture sur timbre au mandat de dépense sur la caisse des gens de mer établi au profit du créancier, et conserve la dernière copie au dossier de la liquidation définitive de la succession.

Acquittement des créances de la succession.

Au contraire, lorsque l'acquittement d'une créance de la succession vient augmenter l'actif, le commissaire aux revues établit un ordre de recette provisoire que le débiteur présente au Trésorier en acquittant sa dette, il reçoit en échange un récépissé. La production de ce reçu au bureau des successions éteint la créance de la succession. — XXXII.

La somme versée fait l'objet d'un état de remise et d'un mandat de recette au compte de la caisse des gens de mer, et entre ainsi dans la comptabilité générale de l'Établissement des Invalides. — XV, XVIII.

---

(1) En Indo-Chine, l'impôt du timbre n'existe pas, toute facture est produite sur papier libre, sans distinction de valeur.

Établissement du compte de liquidation provisoire par le commissaire aux revues.

Le compte de liquidation provisoire est dressé par le commissaire aux successions, dès qu'il y a lieu de croire que tous les éléments de débit et de crédit sont en sa possession. — XXXIII (1).

Actif et passif de la succession.

Figure à l'actif de la succession le montant de toutes les remises faites à la caisse des gens de mer.

Sont inscrits encore, pour mémoire, à l'actif de la succession, les billets souscrits au profit du défunt, et tous autres titres de créances susceptibles d'un recouvrement rapide et non litigieux, mais cependant non immédiat (2).

Le passif comporte l'énumération de toutes les dettes qui grèvent la succession, sans distinguer entre les dettes que leur nature privilégiée permettra d'acquitter sur les éléments actuels du crédit, et celles ne jouissent d'aucun privilège, dont l'acquittement est subordonné à un excédent d'actif, après la clôture définitive de la succession à Paris.

Cette distinction délicate est l'œuvre du commissaire de l'inscription maritime, administrateur de

---

(1) En tête du compte de liquidation sont notés, avec soin, les renseignements qui concernent l'état civil du défunt et de ses héritiers, ainsi que le bordereau des pièces justificatives mises à l'appui du compte.

(2) Si le recouvrement devait être long et difficile, il y aurait lieu, par application des principes, d'en charger le service de la curatelle du receveur de l'enregistrement.

l'Établissement des Invalides, qui reçoit des mains du commissaire aux successions, une expédition de la liquidation ainsi préparée (1). — XXXIII.

Liquidation définitive, dans la colonie, de la succession par le commissaire de l'inscription maritime. — Distinction des dettes privilégiées et des dettes non privilégiées. — Art. 2101 du Code Civil seul applicable (2).

Le premier soin du commissaire de l'inscription maritime doit être de séparer les dettes privilégiées des dettes non privilégiées.

Malgré le sens relativement étroit des diverses dépêches ministérielles concernant la matière, le pouvoir d'appréciation demeure considérable, et dans les limites mêmes du Code Civil, le liquidateur conserve un large pouvoir discrétionnaire.

Les privilèges généraux sur les meubles, de l'article 2101, sont seuls considérés comme privilèges par le Département, et doivent seuls faire l'objet de la liquidation immédiate du commissaire de l'inscription maritime.

---

(1) L'état de liquidation provisoire doit contenir tous les renseignements intéressant la succession : la date du dépôt des bijoux dans la caisse de sûreté du Trésor ; la date d'expédition en France des objets précieux et des bijoux ; la date d'expédition des effets et objets divers destinés aux familles des décédés.

Le commissaire aux revues conserve une expédition de cette liquidation sur un registre des liquidations provisoires.

Deux expéditions de chaque facture dont une sur timbre, sont jointes à la liquidation transmise à l'inscription maritime.

(2) Circul. M. du 25 mai 1846 ; Annexe, p. 183.

Dépêche M. du 14 novembre 1866 ; Annexes, p. 201

Sont donc créances privilégiées, et sont seulement créances privilégiées :

« 1° Les frais de justice ;

« 2° Les frais funéraires ;

« 3° Les frais quelconques de la dernière maladie ;

« 4° Les salaires des gens de service pour l'année « échue, et pour ce qui est dû sur l'année courante ;

« 5° Enfin, les fournitures des subsistances faites « au débiteur défunt et à sa famille, pendant les six « derniers mois, par les marchands au détail, tel que « boulanger, boucher et autres ; et pendant la der- « nière année pour les maîtres de pension et les « marchands en gros. »

Les privilèges spéciaux sur certains meubles, de l'article 2102 du Code Civil, ne sont pas liquidés dans la colonie. Les intentions de l'Administration Centrale sont formelles, le commissaire de l'inscription maritime liquide, sur-le-champ, les seules dettes privilégiées de l'article 2101.

Malgré l'illégalité qui paraît entacher ces mesures restrictives des privilèges résultant de textes législatifs promulgués et exécutoires dans les colonies, le Ministre, dans l'intérêt des successibles, a cru, à bon droit, devoir restreindre l'avidité, souvent insuffisamment justifiée, des créanciers, et se réserver l'examen de ces créances.

C'est ainsi que, pour citer un exemple, le privilège du marchand sur le prix des effets mobiliers non payés, s'ils sont encore en la possession du débiteur, était trop fréquemment invoqué. Le commerçant produisait son livre de vente, et lorsque le liquidateur était dans l'impossibilité d'opposer une facture acquittée aux prétentions du marchand, il devait acquitter la dette, peut-être une deuxième fois, sous peine de voir le créancier exercer son droit de privilège spécial sur le prix des effets mobiliers, supposés non payés (1).

Mandatement des dettes privilégiées.

Le mandatement des dettes privilégiées est fait immédiatement par le commissaire de l'inscription maritime, au profit des créanciers de la succession, sous forme de mandat de dépense sur la caisse des gens de mer.

Les états de dépenses dûment arrêtés et légalisés ou les factures sur timbre, suivant le cas, accompagnent le mandat, comme pièces justificatives. — XXXIV.

---

(1) Les créances privilégiées sur certains meubles que le commissaire de l'inscription maritime doit soumettre à l'examen du Ministre avant de procéder à leur liquidation sont :

« Art. 2102. 1° Les loyers et fermages des immeubles, sur les « fruits de la récolte de l'année, et sur le prix de tout ce qui garnit « la maison louée ou la ferme, etc. ;

« 2° La créance sur le gage dont le créancier est saisi ;

« 3° Les frais faits pour la conservation de la chose ;

« 4° Le prix d'effets mobiliers non payés, s'ils sont encore en la « possession du débiteur, soit qu'il ait acheté à terme ou sans « terme ;

« 5° Les fournitures d'un aubergiste, sur les effets du voya- « geur qui ont été transportés dans son auberge ;

« 6° Les frais de voiture et les dépenses accessoires, sur la chose « voiturée ;

« 7° Les créances résultant d'abus et prévarications commis par « les fonctionnaires publics dans l'exercice de leurs fonctions, sur « les fonds de leur cautionnement, et sur les intérêts qui en « peuvent être dus. »

Imputation de tout mandat de dépense à un état de remise correspondant.

Chaque mandat de dépense doit pouvoir être imputé à une seule remise à la caisse des gens de mer, au moins équivalente par conséquent (1).

Si l'importance du mandat ne permet pas l'imputation sur une seule remise, on scinde le mandat de dépense, et chaque nouveau titre est imputé sur un état de remise, dont le total permet de l'acquitter en entier.

Le principe est, en effet, qu'un mandat de dépense sur la caisse des gens de mer doit correspondre, dans la comptabilité de l'Établissement des Invalides de la marine, à un mandat de recette de cette même caisse, et, par suite, à l'état de remise joint, comme pièce justificative, à l'appui de chaque mandat de recette. — XXXV.

Un journal de dépenses de la caisse des gens de mer conserve l'enregistrement de ces mandats. — XXXVI.

Le commissaire de l'inscription maritime liquide et mandate toutes les dépenses de la succession, susceptibles aux termes de la législation en vigueur d'être acquittées immédiatement dans la colonie.

Enfin, il dresse le compte définitif de liquidation et fait la balance entre les recettes et les dépenses effectuées. L'excédent de recette est transmis, s'il y a lieu, au Ministre par un mandat du Trésor.

---

(1) Le numéro de la remise est indiqué comme repère, sur le mandat de dépense.

Les autres éléments de l'actif et du passif, tels que les créances à recouvrer ultérieurement ou les dettes non privilégiées, etc., figurent au compte de liquidation, mais n'entrent pas en balance.

Les fonds appartenant aux successions maritimes entrent dans la comptabilité des Invalides, soumise chaque mois au contrôle du commissaire de l'inscription maritime qui vérifie les opérations de la caisse des gens de mer, et dresse, en exécution de la circulaire ministérielle du 18 novembre 1889, l'état des dépôts de fonds à remettre au Ministre à la fin de chaque mois (1). — XLI.

Envoi du compte de liquidation au Ministre.

Les comptes de liquidation des successions maritimes, appuyés de toutes les pièces justificatives, concernant les opérations faites et les opérations à faire ultérieurement s'il y a lieu, sont envoyés au Ministre, avec la comptabilité des Invalides, adressée tous les mois à Paris par les soins du Trésorier de la colonie, faisant fonctions de Trésorier des Invalides (2).

Liquidation des dettes non privilégiées faite à Paris. Mandats de Paris.

Les dettes non privilégiées sont liquidées à Paris par l'administration centrale de l'Établissement des

(1) Circul. M. du 18 novembre 1889; Annexes, p. 224.
Circul. M. du 28 sept. 1892; Annexes, p. 229.

(2) Cet envoi est fait au Ministre sous le timbre : administration de l'Établissement des Invalides de la marine, 1er bureau.

Invalides qui fait la répartition de l'actif de la succession entre les créanciers.

Si l'actif ne permet pas de désintéresser intégralement les créanciers, l'actif est réparti au marc le franc.

Le chef du 1er bureau des Invalides établit au nom de chaque créancier de la succession un mandat, dit : mandat de Paris, qui est adressé, avec les factures ou autres pièces qui l'appuyent, au commissaire de l'inscription maritime liquidateur. XXXV.

Ces mandats sont enregistrés au journal des dépenses Invalides, au titre : mandats de Paris, et remis entre les mains des bénéficiaires par les soins du commissaire de l'inscription maritime. XXXVI—XXXVII (1).

(1) Circul. M. du 20 septembre 1892 ; Annexes, p. 229.

CHAPITRE VII

Décès survenant en dehors du port où se trouve le bureau des successions maritimes (1).

Particularités sur la gestion des successions des militaires.

Décès survenant en dehors du port où se trouve le Bureau des successions maritimes.

Si le décès s'est produit en dehors du port où se trouve le bureau des revues, chargé des successions, le commissaire aux revues envoie un délégué sur le lieu du décès.

Dans certaines colonies, l'administration du cercle, de l'inspection, de la résidence ou de l'arrondissement suivant le cas, a la mission de remplir toutes les formalités préliminaires. Dans cette circonstance, le fonctionnaire agit comme délégué exprès du commissaire aux revues.

Le délégué appose et lève les scellés, fait inventaire, vend, s'il y a lieu, les effets mobiliers ; réunit enfin les titres de créances et de dettes. Il se tient en

---

(1) Circul. D. I. C. du 2 février 1881 ; Annexes, p. 209 et du 18 février 1882, Annexes, p. 217.

correspondance constante avec le commissaire aux successions, et prend, autant que possible, son avis préalable sur toutes les questions.

Quand sur le lieu du décès se trouve un agent chargé des services administratifs, il reçoit de préférence la délégation du commissaire aux revues, et procède aux premières opérations de gestion de la succession.

En tout état de cause, le commissaire aux revues procède lui-même aux remises de fonds à la caisse des gens de mer, au dépôt de bijoux dans la caisse de sûreté du Trésor, aux envois des objets destinés aux familles, et à l'établissement du compte de liquida tion provisoire.

Décès des militaires.

Une controverse s'est élevée sur le point de savoir à qui appartient la gestion des successions des militaires non officiers, décédés aux colonies (1).

Dans quelques colonies, ces successions sont gérées, à tort à ce que j'estime, par les soins des conseils d'administration des corps de troupes. En effet, mieux vaut suivre pour les militaires la règle géné-

---

(1) La succession des officiers est toujours administrée par le commissaire aux revues.

Dans tous les cas, les mesures conservatoires sont prises par le chef de détachement si le décès survient en cours de campagne ou dans des postes à l'intérieur ; c'est ainsi que sur-le-champ il est procédé à l'inventaire, à la vente des objets susceptibles de dépérissement, etc.

Le chef de détachement doit se mettre aussitôt que possible en rapport avec le commissaire aux revues à qui seul appartient l'établissement des comptes des successions.

rale, et donner la gestion de ces successions à l'administrateur de droit commun des successions maritimes dans les colonies, c'est-à-dire au commissaire aux revues.

Les effets et hardes non réglementaires, les bijoux, papiers et valeurs, etc., sont remis au bureau des successions, où il est dressé inventaire, et où il est procédé, pour la suite à donner à ces effets et objets, suivant la règle générale.

Il y a lieu de faire observer que les primes de rengagement des sous-officiers des troupes de la marine ne constituent pas un produit des successions proprement dit. Elles ne doivent pas faire l'objet d'une remise à la caisse des gens de mer, mais d'un dépôt à la caisse des Dépôts et Consignations.

Après 30 années, si la veuve ou les héritiers ne se sont pas présentés, les primes de rengagement bénéficient au Trésor.

En effet, la circulaire du 9 septembre 1878, rendant applicable aux troupes de la marine une décision présidentielle du 3 août 1878 sur le mode d'allocation, de perception et de paiement de l'indemnité de rengagement, porte ces mots : « En cas de décès du « sous-officier rengagé, le paiement de l'indemnité « par les soins du trésorier du corps, est constaté par « un récépissé de la caisse des Dépôts et Consigna- « tions à laquelle le trésorier verse l'argent. »

Telles sont les règles actuellement appliquées en pareille matière ; toutefois j'estime qu'au point de vue doctrinal il est difficile d'admettre que les instructions purement réglementaires de la guerre notifiées par la circulaire du 9 septembre 1878 doivent prévaloir sur le principe de dévolution à la caisse des Invalides, des successions maritimes, posé par la loi du 13 mai 1791, art. 16, et par l'art. 404 du règlement du 17 juillet 1816 : principe en vertu duquel les art. 708 et 731 de l'ordonnance du 22 juin 1847 ont proscrit le versement à la caisse des gens de mer des produits de solde et de masses des militaires décédés, lesquels au département de la guerre sont versés à la caisse des Dépôts et Consignations.

Les effets réglementaires du militaire font l'objet d'un inventaire spécial et sont remis, par les soins du commissaire aux hôpitaux, au corps de troupes auquel appartient le décédé. Ces objets sont réintégrés dans les magasins du corps à la diligence du major. — Art. 791 de l'ordonnance du 22 juin 1847, § 1er.

Successions des militaires du département de la guerre.

Les successions des militaires appartenant au ministère de la guerre sont administrées par le commissaire aux revues; mais à la différence des successions dites maritimes, les remises de fonds provenant de ces successions sont faites non plus à la caisse des gens de mer, mais à la caisse spéciale des Dépôts et Consignations (1).

Le commissaire aux revues dresse la liquidation provisoire qui est transmise au Ministre de la guerre avec toutes les pièces à l'appui.

La liquidation définitive est opérée par l'adminis-

(1) Circul. M, du 5 novembre 1881 ; Annexes, p. 219.

tration centrale de la guerre; le commissaire de l'inscription maritime n'intervient en aucune façon dans l'établissement de ce compte et dans la répartition de l'actif entre les créanciers. En effet les dépenses et les recettes qui concernent ces successions n'entrent pas dans la comptabilité des Invalides de la marine, comme les dépenses et les recettes des successions maritimes soumises, par ce fait, au contrôle exprès du commissaire de l'inscription maritime.

CHAPITRE VIII

Gestion des successions maritimes dans les colonies où il n'existe pas d'officiers du commissariat colonial.

Dans certaines colonies, par mesure d'économie et comme conséquence du retrait des garnisons qui y étaient entretenues, le service administratif a dû être supprimé. Alors, s'est élevée la question de savoir à qui incomberait, à défaut des officiers du commissariat colonial, la tâche délicate de gérer les successions maritimes.

Le décret du 31 décembre 1892 a formulé le principe (1), et l'instruction du 15 avril 1893, précisant les moindres détails, a donné les règles à suivre dans les colonies où il n'est pas possible de recourir à la gestion du commissariat.

Dans les colonies où il n'existe pas d'officier du commissariat colonial. un fonctionnaire est chargé, sous l'autorité de ses supérieurs hiérarchiques, d'assurer avec le service administratif de la marine proprement dit, le service de la caisse des gens de mer et par suite des successions maritimes dont les produits viennent accroître, en cas de déshérence, les

(1) Annexes, p. 231.

ressources de l'Établissement des Invalides de la marine (1).

Cet agent est désigné par le gouverneur de la colonie et choisi, autant que possible, dans le personnel des directions de l'intérieur.

Dans nos possessions d'outre-mer, où la marine entretient un dépôt de charbon, de matériel ou de vivres, le fonctionnaire ainsi délégué qui pourvoit à l'administration de ce dépôt, reçoit une indemnité dont le montant, fixé par le Ministre de la marine, est imputé sur les fonds du budget du Département. Mais conformément au principe de gratuité qui préside à la gestion des successions maritimes, l'agent chargé du service de la caisse des gens de mer et des successions n'a droit, de ce chef, à aucune indemnité.

Le fonctionnaire désigné par le Gouverneur pour le service de la caisse des gens de mer a pour mission de recevoir et de garder, pour le remettre aux ayants droit, le montant des successions des marins de l'État ou du commerce, des militaires des corps de troupes de la marine, des fonctionnaires et agents, soit de la marine, soit des colonies, en un mot, le produit des successions dites maritimes (2).

Les opérations de la caisse des gens de mer, sur lesquelles, en effet, il convient d'appeler tout particulièrement l'attention de l'administration coloniale, sont celles relatives aux successions ouvertes dans

(1) Art. 4 du décret du 31 décembre 1892 : Annexes, p. 231.

(2) Instruction du 15 avril 1893, sur le service administratif dans les colonies ; Annexes, p. 235.

nos établissements d'outre-mer où ne fonctionnent pas les services du commissariat des colonies.

Dès que l'avis du décès d'un fonctionnaire ou agent parvient au délégué choisi par le Gouverneur pour assurer le service administratif de la marine, celui-ci doit, s'il y a lieu, procéder à l'apposition, et ultérieurement à la levée des scellés, faire l'inventaire administratif, et procéder dans les formes indiquées à la vente des objets dépendant de la succession qu'il ne paraît pas à propos de conserver en nature pour la famille absente; il établit le décompte de la solde acquise, fait les diligences nécessaires pour le recouvrement des dettes actives, et prépare les pièces au moyen desquelles sont versés ou déposés immédiatement à la caisse des gens de mer, le numéraire, les effets de portefeuille, les bijoux et autres valeurs.

Par des insertions au journal officiel de la colonie, ou par tout autre moyen de publicité, l'administrateur des successions maritimes doit, en outre, inviter les créanciers du défunt à produire leurs titres dans un délai déterminé, et recueillir de cette façon, les factures, comptes, bordereaux, états de dépenses et autres éléments du passif de la succession.

Le délai laissé aux créanciers pour la production de leurs titres est généralement d'un mois. Mais, dans nos possessions nouvelles où les moyens de communication sont longs, difficiles et irréguliers, il ne semble pas possible de conserver ce délai, relativement court, de trente jours. Il appartient au fonctionnaire chargé de la gestion des successions maritimes d'user, en pareille circonstance, de son pouvoir discrétionnaire, avec la sagesse que comporte une aussi délicate mission.

Ces préliminaires achevés avec toute la promptitude qu'ils peuvent permettre, l'administrateur des successions classe les dettes suivant le privilège que la loi accorde à chacune d'elles, mandate en proportion de l'actif, celles qui sont privilégiées, conserve les titres des autres créanciers au dossier, prépare les remises à faire à Paris, et, dans ce but, dresse directement la liquidation définitive, faisant ressortir le reliquat à envoyer en France. Si postérieurement au compte de liquidation définitive établi par l'agent chargé de la gestion des successions maritimes et adressé en France, il se manifestait de nouvelles ressources, ou s'il survenait de nouvelles réclamations, il serait alors dressé une liquidation rectificative qu'il conviendrait de transmettre immédiatement au Département de la marine.

Les bijoux et objets en nature non périssables et pouvant être de quelque intérêt pour les familles, doivent être renfermés dans des caisses et adressés à l'autorité maritime du port où se rend le bâtiment à bord duquel ils sont placés. Une expédition du procès-verbal de remise des bijoux et objets en nature au bâtiment transporteur est adressée au Ministère de la marine, sous le timbre de l'Établissement des Invalides (1).

Telles sont les règles principales à suivre pour l'administration des successions maritimes dans les

(1) Circul. de la marine du 30 janvier 1875 et 5 mai 1888.

colonies où il n'existe pas de service du commissariat colonial. Les détails de la gestion ne diffèrent pas sensiblement de ceux prescrits pour les bureaux spéciaux des successions. Cependant, ainsi qu'il résulte du rapide exposé qui précède, l'instruction du 15 avril 1893 a simplifié les formalités prescrites par les règlements pour la gestion des successions maritimes. Les attributions du commissaire aux revues et du commissaire de l'inscription maritime sont dévolues à un seul et même fonctionnaire, l'ordonnateur des recettes et des dépenses de la caisse des gens de mer ; il n'est par suite établi qu'une seule liquidation, c'est-à-dire celle dont une expédition doit être transmise en France.

CHAPITRE IX

Remise de la succession aux héritiers ou à la curatelle.

Remise de la succession aux héritiers.

Au cours de la liquidation, fréquemment des héritiers se font connaître, des mandataires se présentent.

Lorsque les héritiers ou les mandataires représentent tous les intéressés, le commissaire aux revues ou le commissaire de l'inscription maritime, suivant le cas, remettent entre leurs mains tous les effets, titres, valeurs, papiers et objets divers appartenant à la succession en cours de liquidation provisoire ou définitive.

Il est dressé procès-verbal de la remise de la succession au mandataire ou aux héritiers qui, séance tenante, donnent décharge à l'administration des successions maritimes, et demeurent investis en son lieu et place. Ils se déclarent d'une façon toute spéciale responsables, le cas échéant, du paiement des dettes de la succession (1).

---

(1) Circul. ministérielle du 7 mars 1868.

Cette pièce garantit ainsi l'administration contre toutes les réclamations ultérieures. — XXXIX.

Au bureau des successions maritimes, il est gardé copie de cet acte sur un registre des procès-verbaux de remises des successions aux héritiers. — XXXIX.

Remise au curateur aux successions vacantes des successions litigieuses ou immobilières.

Suivant une jurisprudence constante, l'administration du commissariat ne conserve pas la gestion d'une succession qui présente dans l'une quelconque de ses parties, un caractère litigieux ou immobilier.

Toute succession offrant un de ces caractères est remise au curateur qui se substitue au commissaire aux successions.

Un procès-verbal est dressé de cette opération, et une copie est conservée au bureau des successions maritimes. — XL.

État nominatif des décédés.

Chaque mois, le commissaire aux revues établit un état des militaires, fonctionnaires et employés décédés dans la colonie.

Cet état, transmis au Ministre, permet à l'Administration centrale un contrôle régulier. — XLII.

Recherche des héritiers.

Le ministre fait rechercher les héritiers, et remet entre leurs mains les bijoux, les objets destinés à la famille du défunt et l'actif de la succession.

Si les héritiers ont renoncé ou s'ils n'ont pu être retrouvés, les objets précieux et autres destinés à la famille du défunt sont vendus aux enchères par les soins du commissaire de l'inscription maritime du port de la métropole où ils étaient conservés, et le produit de la vente est déposé à la caisse des gens de mer à l'actif de la succession. Après trois années de dépôt à la caisse des gens de mer, les produits des successions sont versés à la caisse des Invalides (1).

Ainsi est achevée la mission des administrateurs des successions maritimes des colonies ; dans la suite, si des créanciers se présentent alors que l'administration a terminé sa tâche, ils sont adressés aux héritiers qui représentent seuls désormais la personne du défunt (2).

---

(1) Instruction générale du 19 décembre 1859. Annexes, p. 190. Décret du 6 août 1888.

(2) Circul. M. du 20 avril 1893. Annexes, p. 236.

MODÈLES

DES IMPRIMÉS

A REMPLIR

Planche N° 1.

COLONIE DE — RÉPUBLIQUE FRANÇAISE

LIBERTÉ, ÉGALITÉ, FRATERNITÉ

Hôpital militaire de

AVIS à M

J'ai l'honneur d'informer M

que le

est décédé à l'hôpital militaire, le

par suite de

L'inhumation aura lieu le *à*

heures du

le *189*

Le Commissaire aux Hôpitaux,

Planche N° 11.

COLONIE DE

PORT DE

REGISTRE RÉPERTOIRE

DES

DÉCÉDÉS

ET DE

LEURS SUCCESSIONS

De *189* *à* *189*

NUMÉROS du DOSSIER	ANNÉE dans laquelle est classé LE DOSSIER	NOM et PRÉNOMS	GRADE OU EMPLOI Corps ou Service N° Matricule	DATE du DÉCÈS	LIEU du DÉCÈS	DATE de la liquidation provisoire et de la remise à l'[illegible] Mme, à la [illegible] ou aux héri[tiers]	[illegible]	NOM du BATIMENT	DATE de l'envoi des bijoux en France	NOM du BATIMENT	ACTIF transmis en France pour être partagé entre les créanciers ou remis à la famille	DATE de la remise de la liquidation en France	NOMS des héritiers connus dans la Colonie	DOMICILE de la famille ou des héritiers en dehors du port ou de la Colonie	OBSERVATIONS
1	2	3	4	5	6	7	8	9	10	11	12	13	14	15	16

Planche N° III.

ADMINISTRATION des COLONIES — REVUES	RÉPUBLIQUE FRANÇAISE LIBERTÉ, ÉGALITÉ, FRATERNITÉ COLONIES	ANNÉE 18 — Mois d —

SUCCESSIONS MARITIMES

DOSSIER N°

SUCCESSION de M
N° matricule
Né le à canton de
Résidait à canton de
Fils de et de domicilié
à canton de département
décédé le à
Noms et prénoms des héritiers connus et renseignements sur eux

DATES	NUMÉROS des PIÈCES	SOMMAIRE	OBSERVATIONS

HOPITAL MARITIME DE *Planche N° IV.*

INVENTAIRE DES EFFETS, ARGENT, ETC.

laissés par M
décédé audit hôpital le *par suite*
d

Extrait du registre des effets (n° d'ordre :).

DÉSIGNATION DES EFFETS	QUANTITÉS APPARTENANT à l'État	au corps	au malade	DÉSIGNATION DES EFFETS	QUANTITÉS APPARTENANT à l'État	au corps	au malade
1	2	3	4	1	2	3	4
Redingote en				Casquette............			
Capote en				Képi.................			
Habit en				Bonnet de laine.....			
Gilet..... à manches				Souliers (paire).....			
Gilet..... s^s manches				Havresac............			
Paletot... en				Sac en toile..........			
Paletot... en				Bottes (paire)........			
Pantalon. en				Tricot en			
Pantalon. en				Caleçon en			
Vareuse..............				Blouse...............			
Chemises blanches..				Flanelle..............			
Chemises de couleur				Musette..............			
Chemises en laine...				Brosse...............			
Col..................				Couteau..............			
Cravate.. en				Porte-monnaie.......			
Cravate.. en							
Mouchoirs de poche...							
Bas...... de laine..							
Bas...... de coton..							
Guêtres.. en							
Guêtres.. en							
Chapeau. en							
Chapeau. en							
Shako...............							

CERTIFIÉ véritable par le gardien des sacs.

A , *le* *189* .

VU ET VÉRIFIÉ,
Le Commissaire aux hôpitaux.

Planche N° V.

ADMINISTRATION des COLONIES

—

N°

RÉPUBLIQUE FRANÇAISE

LIBERTÉ, ÉGALITÉ, FRATERNITÉ

SUCCESSIONS MARITIMES

N°

pièces jointes

COLONIES

DÉTAIL DES REVUES

Le Commissaire aux Revues a l'honneur de prier Monsieur le

de vouloir bien lui faire parvenir, revêtues des légalisations ordinaires, expédition (1) d

de M

décédé le 189

à

Ces pièces sont destinées à être transmises au Ministère par le courrier prochain.

le 189

(1) Actes de décès, certificat genre de mort, inventaire *ou* état signalétique.

Le

a l'honneur d'adresser sous ce pli, revêtues des légalisations ordinaires. expédition

qui lui ont été demandées par la note ci-contre de Monsieur le Commissaire aux Revues.

le 189

Planche N° VI.

SERVICE
DE SANTÉ
de

—

N°

—

RÉPUBLIQUE FRANÇAISE

LIBERTÉ, ÉGALITÉ, FRATERNITÉ

CERTIFICAT MÉDICAL

Nous, soussigné

certifions avoir donné nos soins au nommé

jusqu'au jour du

décès.

Cet homme était atteint de

En foi de quoi, nous avons délivré le présent certificat pour servir et valoir ce que de raison.

Fait à , le 189

Vu :

Le Chef du Service de Santé.

Vu :

Le Gouverneur,

Planche N° VII

COLONIE

d

DÉTAIL DES REVUES

N°

RÉPUBLIQUE FRANÇAISE

LIBERTÉ, ÉGALITÉ, FRATERNITÉ

MINISTÈRE DU COMMERCE, DE L'INDUSTRIE
ET DES COLONIES

SOUS-SECRÉTARIAT D'ÉTAT DES COLONIES

le 189

Le Commissaire aux Revues a l'honneur de prier Monsieur le

de vouloir bien, dans la mesure du possible, d'après les documents et renseignements officiels ou tous autres en sa possession, répondre au questionnaire d'autre part destiné à

Nom ?	
Surnom, sobriquet ?	
Prénoms ?	
Date de naissance ?	
Lieu de naissance ?	
Domicile ?	
Dernière résidence en dehors de la colonie ?	
Dernière résidence et adresse dans la colonie, numéro de la maison si possible ?	
Corps ou service ?	
Grade dans son corps ou service ?	
Date de promotion au dernier grade ou emploi ?	

Fonctions au moment du décès (les remplit depuis quelle époque) ?	
Solde ? Indemnité ? Supplément ?	
Grade dans la Légion d'honneur et date de la dernière nomination dans l'ordre ?	
Était-il médaillé militaire ? Décorations ?	
Filiation ?	
Dernière résidence et adresse des père et mère, profession ?	
Marié, veuf, divorcé ou célibataire ?	
Nom de l'épouse ?	
Prénoms ?	
Résidence et adresse actuelles et à défaut la précédente ?	
Nombre et prénoms des enfants ?	

Nom, prénoms, profession, résidence et adresse des héritiers ou des membres connus de la famille ?	
Renseignements divers pouvant intéresser les héritiers ou la succession ?	

Planche N° VIII.

COLONIE	RÉPUBLIQUE FRANÇAISE	ANNÉE 189
d	LIBERTÉ, ÉGALITÉ, FRATERNITÉ	—
—		Mois d
ADMINISTRATION DES COLONIES	MINISTÈRE DU COMMERCE, DE L'INDUSTRIE ET DES COLONIES	—
	SOUS-SECRÉTARIAT D'ÉTAT DES COLONIES	

DÉTAIL DES REVUES

SUCCESSION

Procès-verbal d'apposition de scellés.

Aujourd'hui

Nous

Commissaire Colonial au Bureau des revues spécialement délégué au Service des Successions, assisté de M

sis

décédé à

le 189 , et avons apposé les scellés sur les issues donnant accès dans le logement et ses dépendances occupés par le défunt.

Nous avons constitué comme gardien des scellés le pour ce requis.

En foi de quoi nous avons dressé en expéditions le présent procès-verbal que M et le gardien des scellés ont signé avec nous.

Fait à , les jour, mois et an que dessus.

Le gardien, *Le délégué,* *Le témoin,*

Planche N° IX.

COLONIE	RÉPUBLIQUE FRANÇAISE	ANNÉE 189
d	LIBERTÉ, ÉGALITÉ, FRATERNITÉ	—
—		Mois d
ADMINISTRATION des COLONIES	MINISTÈRE DU COMMERCE, DE L'INDUSTRIE ET DES COLONIES	—
	SOUS-SECRÉTARIAT D'ÉTAT DES COLONIES	

DÉTAIL DES REVUES

SUCCESSIONS MARITIMES

Avis d'Ouverture de Succession.

Les créanciers et les débiteurs de la succession de MM. 1°

2°

3°

4°

5°

6°

sont invités à produire leurs titres au Commissaire aux Revues ou à se libérer dans le plus bref délai.

Demande d'insertion dans les plus prochains numéros du Journal officiel de la Colonie.

, le 189

Le Commissaire aux Revues,

Vu bon à insérer :

Le Chef du Service Administratif,

Planche N° X.

COLONIE
d
—
PORT
d

ANNÉE
—
Mois d

SUCCESSIONS MARITIMES

DÉTAIL DES REVUES

Procès-verbal de Levée de Scellés

Aujourd'hui
à

Nous *délégué de M. le Commissaire aux revues, et assisté de M.*

Nous sommes transporté à , *décédé à* , *le* *et après avoir constaté que les scellés apposés par le* *sur* *étaient intacts, nous les avons brisés et avons donné décharge à* *constitué par* *comme gardien desdits scellés.*

Nous avons procédé ensuite à l'inventaire des effets et objets que nous avons trouvés au domicile du défunt.

En foi de quoi nous avons dressé, en *expédition* , *le présent procès-verbal que M.* *a signé avec nous.*

Fait à , *les jour, mois et an que dessus.*

Planche N° XI.

COLONIE
d

ADMINISTRATION
des
COLONIES

RÉPUBLIQUE FRANÇAISE
LIBERTÉ, ÉGALITÉ, FRATERNITÉ

MINISTÈRE DU COMMERCE, DE L'INDUSTRIE
ET DES COLONIES

SOUS-SECRÉTARIAT D'ÉTAT DES COLONIES

ANNÉE 189

Mois d

DÉTAIL DES REVUES

SUCCESSION

PROCÈS-VERBAL D'INVENTAIRE

Aujourd'hui
à heures de
Nous, Commissaire des Colonies, spécialement délégué par M. le Commissaire aux revues au service des successions assisté de M.
Nous sommes transporté à

et après avoir constaté que les scellés que nous y avions apposés étaient intacts, nous les avons levés afin de procéder à l'inventaire des objets, meubles, papiers divers, etc., etc., laissés par le défunt.

N° D'ORDRE des pièces	QUANTITÉS en CHIFFRES	DÉSIGNATION DES EFFETS OBJETS DIVERS, ETC.	QUANTITÉS en TOUTES LETTRES	OBSERVATIONS

Nº D'ORDRE des pièces	QUANTITÉS en CHIFFRES	DÉSIGNATION DES EFFETS OBJETS DIVERS, ETC.	QUANTITÉS en TOUTES LETTRES	OBSERVATIONS

Arrêté le procès-verbal d'inventaire, à

Fait et clos en expéditions à , les jour, mois et an que d'autre part.

Le Témoin, *Commissaire délégué aux successions.*

Planche N° XII.

ADMINISTRATION
des
COLONIES
—
SUCCESSIONS
MARITIMES

RÉPUBLIQUE FRANÇAISE

LIBERTÉ, ÉGALITÉ, FRATERNITÉ

COLONIES

ANNÉE 189
—
Mois d
—
N°

DÉTAIL DES REVUES

Procès-verbal de dépôt de bijoux.

SUCCESSION D

Aujourd'hui

Nous

délégué de M. le Commissaire aux revues
Avons procédé à la remise, dans la caisse de sûreté du Trésor, des objets ci-après énumérés, et appartenant à la succession de M
décédé le *à*

SAVOIR :

Le Commissaire de l'inscription maritime invite M. le Trésorier payeur, caissier des gens de mer, à recevoir dans la caisse de sûreté du Trésor les objets énumérés dans le procès-verbal ci-dessus, N°	*Arrêté le présent procès-verbal à*	*Reçu dans la caisse de sûreté du Trésor les objets ci-dessus désignés et formant* *articles.*
, le 189	Le Commissaire colonial délégué,	, *le* 189

Planche N° XIII.

CARNET

DE

DÉPÔT POUR FONDS ET VALEURS PRIVÉS

Du au

---

*Le présent carnet, contenant feuillets a été coté et parafé par nous, Commissaire de l'Inscription maritime, pour servir à l'enregistrement des dépôts versés dans la caisse du ,
à dater du*

le 18

Nº D'ORDRE des dépôts	DATE DES DÉPOTS	NOM, PRÉNOMS ET QUALITÉS des Propriétaires des dépôts	DESCRIPTION DES VALEURS composant les dépôts	SUITE DONNÉE AUX DÉPOTS DATE DES REMISES

Planche N° XIV.

PORT ANNÉE 189

— SERVICE ADMINISTRATIF —

INSCRIPTION MARITIME

Aujourd'hui
mil huit cent quatre-vingt
Nous
délégué du Commissaire de l'Inscription maritime, assisté de M . trésorier payeur, trésorier des Invalides de la marine, avons procédé au retrait de la caisse de sûreté du Trésor, de divers bijoux provenant de successions destinés à être renvoyés en France par le

N° D'ORDRE et date des dépôts	DÉSIGNATION DES SUCCESSIONS	DÉSIGNATION DES BIJOUX et Objets de valeur	OBSERVATIONS

Séance tenante, les objets énumérés ci-dessus sont placés dans une boîte qui a été immédiatement fermée, scellée et revêtue de l'adresse de M. le Préfet maritime du arrondissement

En foi de quoi, nous avons dressé le présent procès-verbal en expéditions à , les jour, mois et an que dessus.

Le délégué du Commandant,

Le Trésorier des Invalides,

Le Commissaire de l'Inscription maritime,

Vu :

Le Chef du Service administratif,

Planche n° XV

RÉPUBLIQUE FRANÇAISE

LIBERTÉ, ÉGALITÉ, FRATERNITÉ

ANNÉE 189

GESTION 189

Mois d

COLONIES

DÉTAIL DES REVUES

Remise à la caisse des gens de mer.

Du Bureau des revues de
au Bureau de l'Inscription maritime du même port.

Certifié exact par nous, Commissaire aux revues, le présent état montant à la somme de

dont le détail est consigné dans le tableau d'autre part et qui doit être versé à la Caisse des Gens de mer au Compte de succession.

à le 189

Enregistré sous le n° au Bureau de l'Inscription maritime.

à

le 189

Vu :

Le Chef du Service administratif,

Pris en charge la somme ci-dessus indiquée suivant récépissé n°

à

le 189

CHAPITRE 4. — PRODUITS D'INVENTAIRE ET DE SUCCESSIONS. — SUCCESSION.

NOM, PRÉNOMS, DOMICILE LIEUX DE NAISSANCE ET DE DÉCÈS	GRADE OU EMPLOI N° MATRICULE	MOTIF DE LA REMISE	SOMMES A VERSER	OBSERVATIONS

Arrêté le présent état à la somme de à , le 189

Planche N° XV bis.

MARINE

CAISSE DES GENS DE MER

CHAPITRE :

REMISE N°

du port d

au quartier d

Prise en charge le 189

Le Trésorier des Invalides, Caissier des Gens de mer à

CHAPITRE

NOMS ET PRÉNOMS	FOLIOS des RÔLES	GRADES ET PAYES	COMMUNES ou QUARTIERS d'inscription	MATRICULES OU REGISTRES		MOTIFS PARTICULIERS DE LA REMISE
				Folios	Numéros	

REMISE N°

SOMMES À PAYER	DATES ET APOSTILLES des payements	N°s des MANDATS	SOMMES PAYÉES PENDANT la 1re ANNÉE de dépôt	la 2e ANNÉE de dépôt	la 3e ANNÉE de dépôt	la 4e ANNÉE de dépôt	RESTES À PAYER	OBSERVATIONS

CERTIFIÉ le présent état, montant à la somme de

qui doit être versée à la Caisse des Gens de mer.

A　　　　le　　　　189

Le

Planche N° XVI.

CAHIER D'ENREGISTREMENT

DES

ÉTATS DE REMISE

BUREAU DES SUCCESSIONS

REVUES

N^os^ des ÉTATS	NUMÉRO de l'inscription marginale	SUCCESSIONS	DATES	MOTIF DE LA REMISE	NUMÉRO du récépissé	MONTANT	

Planche N° XVII.

MARINE

CAISSE DES GENS DE MER

ENREGISTREMENT DES REMISES

CHAPITRE

NOMS ET PRÉNOMS	FOLIOS des RÔLES	GRADES ET PAYES	COMMUNES ou QUARTIERS d'inscription	MATRICULES OU REGISTRES		MOTIFS PARTICULIERS DE LA REMISE
				Folios	Numéros	

REMISE N°

SOMMES À PAYER	DATES ET APOSTILLES des payements	N°s des MANDATS	SOMMES PAYÉES PENDANT la 1re ANNÉE de dépôt	la 2e ANNÉE de dépôt	la 3e ANNÉE de dépôt	la 4e ANNÉE de dépôt	RESTES À PAYER	OBSERVATIONS

Planche N° XVIII.

QUARTIER
d

N° D'ORDRE
DU MANDAT :

Journal du Trésorier, art.
Livre de détail, art.

BORDEREAU
DES PIÈCES
à l'appui du mandat

(1) Indiquer le débit du compte.
(2) Chef du 1er Bureau des Invalides.
ou
Commissaire de l'Inscription maritime.

GESTION 189

ÉTABLISSEMENT

DES INVALIDES DE LA MARINE

SERVICE GENS DE MER

RECETTE

CHAPITRE :

Remise N°

Versement à la Caisse des gens de mer de la somme de

montant d'un état de remise provenant du port de

MANDAT de :

M. le Trésorier des Invalides, caissier des gens de mer à recevra par le débit d (1) et emploiera dans ses écritures de la présente gestion la somme de

pour les causes énoncées ci-dessus.

A , le 189

Le (2)

Planche N° XIX.

INSCRIPTION MARITIME

JOURNAL DE RECETTE

JOURNAL DE RECETTE

CAISSE
DES PRISES ET DES GENS DE MER

GESTION 189
Mois d

MANDATS		NUMÉROS des REMISES	DÉTAIL DES RECETTES	CHAP : IV	CAISSE DES GENS DE MER			OBSERVATIONS
Numéros	Dates				SOLDE et produits divers	BRIS et naufrages	TOTAL	

Planche N° XX.

ADMINISTRATION des COLONIES — N°	RÉPUBLIQUE FRANÇAISE LIBERTÉ, ÉGALITÉ, FRATERNITÉ COLONIES DÉTAIL DES REVUES	ANNÉE 189 — Mois d

SUCCESSIONS MARITIMES

***FACTURE D'ENVOI** en France par le des effets et d'objets divers destinés à être remis aux familles et provenant de successions liquidées ou à liquider dans la Colonie.*

QUANTITÉS expédiées (En toutes lettres)	NUMÉROS des articles de l'inventaire	DÉSIGNATION DES OBJETS EXPÉDIÉS à la famille	OBSERVATIONS ET RENSEIGNEMENTS DIVERS concernant l'envoi effectué, le décédé, la famille ou les héritiers connus.

QUANTITÉS expédiées. (En toutes lettres)	NUMÉROS des articles de l'inventaire	DÉSIGNATION DES OBJETS EXPÉDIÉS à la famille.	OBSERVATIONS ET RENSEIGNEMENTS DIVERS concernant l'envoi effectué, le décédé, la famille ou les héritiers connus.

Arrêté par nous, *Aide-Commissaire colonial, spécialement délégué par M. le Commissaire aux Revues du Service des Successions, la présente facture d'envoi à* *articles, bien emballés, contenus dans* *colis, ceux-ci en bon état de transport ont été fermés à clef et à cadenas, cordés, ficellés, puis scellés à la cire avec le timbre du Bureau des Revues en notre présence et celle de M.* *employé du même bureau.*

Fait et clos à *en* *expédition* *le* *189*

L'Aide-Commissaire délégué,

Vu :

Vu :

Le Chef du Service administratif.

Le Commandant
reconnait avoir reçu les colis désignés dans la 3ᵉ colonne de la facture ci-dessus.

à *le* *189*

Planche N° XXI.

COLONIE

d

—

ADMINISTRATION

DES COLONIES

RÉPUBLIQUE FRANÇAISE

LIBERTÉ, ÉGALITÉ, FRATERNITÉ

MINISTÈRE DU COMMERCE, DE L'INDUSTRIE ET DES COLONIES

SOUS-SECRÉTARIAT D'ÉTAT DES COLONIES

ANNÉE 189

—

Mois d

SUCCESSIONS

PROCÈS-VERBAL DE DÉSINFECTION

Je soussigné,
conformément aux ordres de M. le Chef du Service de santé, déclare avoir procédé à la désinfection, au moyen d'étuves à désinfection, des effets, objets, etc., devant être envoyés en France par le
et provenant de succession ci-après, savoir :

, le 189

Vu :

Le Commissaire aux Revues,

Planche N° XXII.

RÉPUBLIQUE FRANÇAISE

LIBERTÉ, ÉGALITÉ, FRATERNITÉ

SUCCESSIONS

CERTIFICAT DE DÉSINFECTION

Je soussigné , conformément aux ordres de M. le Chef de Service de santé, déclare avoir procédé à la désinfection, au moyen de vapeurs sulfureuses, des effets et objets divers, etc., contenus dans le présent colis et provenant de succession d

Fait à le 189

Vu :

Le Commissaire aux Revues.

Planche N° XXIII.

SUCCESSIONS MARITIMES

Monsieur

LE PRÉFET MARITIME DU ARRONDISSEMENT

Pour être expédié à Paris

MONSIEUR LE MINISTRE DE LA MARINE

BUREAU DES INVALIDES

Envoi par l

Colis Numéro

SUCCESSION

Planche N° XXIV.

COLONIE DE

—

PORT DE

—

ADMINISTRATION

DES COLONIES

RÉPUBLIQUE FRANÇAISE

LIBERTÉ, ÉGALITÉ, FRATERNITÉ

COLONIES

DÉTAIL DES REVUES

ANNÉE 189

—

Mois d

—

SUCCESSIONS MARITIMES

État du matériel à embarquer sur le
partant de le à destination
d

NOMBRE	DÉSIGNATION	ENCOMBREMENT	OBSERVATIONS

A , le 189

Le Commissaire aux Revues.

VU ET APPROUVÉ :

Le Chef du Service administratif.

Planche N° XXV.

PORT	COLONIES	Instruction générale du 1er octobre 1854
TITRE SORTIES (1)	SERVICE D	Art. 189 et 222. MODÈLE N° 59.
CHAPITRE	MAGASIN (2)	ANNÉE 189
		Mois d
ARTICLE	AVIS D'EXPÉDITION N°	ENVOI d à

(1) Réelles ou d'ordre.

(2) Désignation du magasin.

(3) Lorsque l'envoi aura été ordonné par une dépêche ministérielle, on indiquera la direction et le bureau d'où la dépêche émanera.

En exécution des ordres de M. (3) en date du il a été expédié, ce jour, du Magasin à par les quantités de matières et d'objets indiqués ci-après.

NUMÉROS D'ORDRE de l'unité		ESPÈCE des UNITÉS	DÉSIGNATION		QUANTITÉS par unité simple.	DÉCOMPTE		
collective.	simple.		DES MATIÈRES et des objets	s'il y a lieu, des subdivisions de l'unité simple.		PRIX officiels.	VALEURS PAR UNITÉ simple.	VALEURS PAR UNITÉ collective.
1	2	3	4	5	6	7	8	9

NUMÉROS D'ORDRE de l'unité		ESPÈCE des UNITÉS	DÉSIGNATION		QUANTITÉS par unité simple.	DÉCOMPTE		
collective.	simple		DES MATIÈRES et des objets	s'il y a lieu, des subdivisions de l'unité simple		PRIX officiels	VALEURS PAR UNITÉ simple.	collective
1	2	3	4	5	6	7	8	9
			Report	....	....	....	....	
			TOTAL......	....	....	....	....	

ARRÊTÉ le présent avis d'expédition à la somme de

A , le 189

L. (1)

(1) Désignation du comptable.

CERTIFIÉ ET ENREGISTRÉ :

Planche N° XXVI

ADMINISTRATION DES COLONIES

RÉPUBLIQUE FRANÇAISE

LIBERTÉ, ÉGALITÉ, FRATERNITÉ

ANNÉE 189

COLONIES

Mois d

DÉTAIL DES REVUES

SUCCESSIONS MARITIMES

AVIS DE VENTE

Le public est informé qu'il sera procédé le du mois de courant, à heure du , au Bureau des revues, sis , à la vente aux enchères publiques, au plus offrant et dernier enchérisseur des effets, meubles, livres, vaisselle, armes et accessoires pour la chasse, provisions de bouche, vins, liqueurs, objets divers, etc., etc., provenant des successions de M.

1°

2°

3°

4°

5°

La vente sera faite en francs

Les lots devront être payés et enlevés dans les vingt-quatre heures sous peine de vente à la folle enchère de l'adjudicataire. Toutefois, les lots ne seront délivrés que lorsque les adjudicataires auront justifié, par la présentation d'un récépissé, que le versement entre les mains du Trésorier, du montant des adjudications, a été effectué.

Demande d'insertion dans le plus prochain numéro du *Journal Officiel* de la Colonie et jusqu'au jour inclus de la vente.

à , le 189

Le Commissaire aux Revues,

VU BON A INSÉRER :

Le Chef du Service administratif.

Planche N° XXVII.

ADMINISTRATION DE LA MARINE

RÉPUBLIQUE FRANÇAISE
LIBERTÉ, ÉGALITÉ, FRATERNITÉ

ANNÉE 189

Mois d

MARINE ET COLONIES

BUREAU DES REVUES

SERVICE DES SUCCESSIONS MARITIMES

AVIS DE VENTE

Le public est informé que le courant, il sera procédé au Bureau des revues, sis , dès heures du , à la vente, au plus offrant et dernier enchérisseur, des effets et objets provenant de diverses successions.

Savoir :

1° *décédé à*
le 189 .
2° *décédé à*
le 189 .
3° *décédé à*
le 189 .
4° *décédé à*
le 189 .

La vente sera faite en francs
Les adjudicataires devront payer et enlever leurs lots dans les vingt-quatre heures, sur une production préalable de récépissés provisoires du Trésor, constatant le versement du montant des prix d'adjudication, sous peine de vente à la folle enchère de l'adjudicataire en cas de non payement.

NOTA. — Les créanciers ou débiteurs desdites successions sont priés de se mettre en règle avec le Bureau liquidateur, dans le plus bref délai possible.

à , *le* 189

Le Commissaire aux Revues.

Planche N° XXVIII.

REGISTRE DES PROCÈS-VERBAUX DE VENTE

Nos des ARTICLES inventoriés	Nos des LOTS	DÉSIGNATION DES LOTS	ADJUDICATAIRES	PRIX D'ADJUDICATION

Planche N° XXIX.

COLONIE d

ADMINISTRATION DES COLONIES

Détail d

SUCCESSIONS

RÉPUBLIQUE FRANÇAISE

LIBERTÉ, ÉGALITÉ, FRATERNITÉ

ANNÉE 189

Mois d

MINISTÈRE DU COMMERCE, DE L'INDUSTRIE ET DES COLONIES

SOUS-SECRÉTARIAT D'ÉTAT DES COLONIES

SERVICE DE TRÉSORERIE

ORDRE DE RECETTE

Le Trésorier-Payeur de la Colonie est invité à recevoir de M (1) la somme de montant des lots ci-après énumérés qui lui ont été adjugés au cours de la vente du effectuée au profit de la succession d

(1) Le Commissaire aux revues ou, suivant le cas, le Commissaire de l'Inscription maritime.

SAVOIR :

Lot numéro	de			Lot numéro	de		
				TOTAL			
				Report			
A reporter				TOTAL GÉNÉRAL À VERSER			

Cette somme sera provisoirement portée, dans les écritures du Trésorier-Payeur de la Colonie, au compte : *Divers, leur compte de recettes à classer.*

Enregistré au bureau des revues (successions) pour le n°

Le

A , le 189

Le Chef du Service administratif,

PAR DÉLÉGATION :

Pour le Commissaire aux revues et par ordre :

L Commissaire des Colonies spécialement chargé des successions.

Planche N° XXX.

NUMÉRO DE LA QUITTANCE

Du 25 mai 189

Reçu de Monsieur

Le Trésorier payeur.

SUCCESSION : *(nom du décédé)*		

Planche N° XXXI.

ADMINISTRATION DES COLONIES

RÉPUBLIQUE FRANÇAISE

LIBERTÉ, ÉGALITÉ, FRATERNITÉ

Mois d 18

COLONIES

DÉTAIL DES REVUES

SUCCESSION

PROCÈS-VERBAL DE VENTE

Aujourd'hui
nous , *délégué de M. le Commissaire aux revues, avons procédé à la vente aux enchères publiques des effets et objets dépendant de la succession*
fils de , *et de*
né le , *à* *département d*
décédé à , *le* *18* .

Les conditions de la vente ont été, au préalable, annoncées aux personnes présentes, et les lots adjugés comme suit,

Savoir :

Nos des articles inventoriés	Nos des lots	DÉSIGNATION DES LOTS	ADJUDICATAIRES	PRIX D'ADJUDICATION	
			A Reporter. . .		

Nos des ARTICLES inventoriés.	Nos des LOTS	DÉSIGNATION DES LOTS	ADJUDICATAIRES	PRIX D'ADJUDICATION
			TOTAL. . .	
			Report. .	

Nos des ARTICLES inventoriés.	Nos des LOTS	DÉSIGNATION DES LOTS	ADJUDICATAIRES	PRIX D'ADJUDICATION	
			TOTAL. . . .		
			Report. .		
			TOTAL GÉNÉRAL . .		

Arrêté le présent procès-verbal de vente les jour, mois et an que d'autre part, à la somme de :

Le Délégué du Commissaire aux revues.

Enregistré à , le 18

folio , case

Reçu la somme de

Planche N° XXXII.

ADMINISTRATION des COLONIES — Successions maritimes

RÉPUBLIQUE FRANÇAISE
LIBERTÉ, ÉGALITÉ, FRATERNITÉ

ANNÉE 189

Mois d

COLONIES

DÉTAIL DES REVUES

SUCCESSION DE

État des sommes à verser à la Caisse des gens de mer au compte de la succession de M

(EXTRAIT DE L'INVENTAIRE ÉTABLI A LA DATE DU 189.)

Savoir :

NUMÉROS des articles de l'inventaire	DÉSIGNATION DES ARTICLES DE L'INVENTAIRE Objet du versement	SOMMES A verser	OBSERVATIONS

Arrêté le présent extrait à la somme de

A , le 189

L'Aide-Commissaire colonial, délégué au Service des successions.

Vu :

Le Commissaire aux revues.

Vu :

Le Chef du Service administratif.

Planche N° XXXIII.

COLONIE d

ADMINISTRATION des COLONIES

Bureau des revues

N°

RÉPUBLIQUE FRANÇAISE

LIBERTÉ, ÉGALITÉ, FRATERNITÉ

Ministère du Commerce, de l'Industrie et des Colonies.

Sous-Secrétariat d'État des Colonies

ANNÉE 189

Mois d

SUCCESSIONS

LIQUIDATION PROVISOIRE

De la succession de M
né le 18 , *à* *canton*
d *département d*
résidait à *canton d*
département d
décédé à *le*
fils de *et de*
domiciliés à *canton d*
département d

DÉSIGNATION DES PIÈCES
A L'APPUI DE LA PRÉSENTE LIQUIDATION

Arrêté à *de pièces*

, 189

Commissaire Colonial spécialement délégué au Service des successions

Reçu avec une expédition de la présente liquidation les pièces ci-dessus désignées.

le 189

Le Commissaire de l'Inscription maritime,

ACTIF

1° Remise à la Caisse des Gens de mer du 189 , n° du montant d'un mandat service n° du 189 , solde au décès.

2° Remise à la Caisse des Gens de mer du 189 , n° de la somme trouvée à l'hôpital après le décès . . . .

3° Remise à la Caisse des Gens de mer du 189 , n° de la somme trouvée après le décès, lors de l'inventaire au domicile . . .

4° Remise à la Caisse des Gens de mer du 189 , n° du montant d'un mandat service n° du 189 . . . . . .

5° Remise à la Caisse des Gens de mer du 189 , n°

6° Remise à la Caisse des Gens de mer du 189 , n° d

7° Remise à la Caisse des Gens de mer du 189 , n° d

TOTAL DE L'ACTIF . . . . .

BALANCE

Actif . . . .

Passif . . . .

EXCÉDENT de sur le .

Les bijoux ont été déposés dans la caisse de sûreté du Trésor, suivant procès-verbal en date du 189 .

PASSIF

1° Facture de M		
2° Facture de		
3° Facture de		
4° Facture de		
5° Facture de		
6° Facture de		
7° Facture de		
8° Facture de		
9° Facture de		
10° Facture de		
11° Facture de		
12° Facture de		
Total du passif. . .		

Arrêté la présente liquidation provisoire à la somme de en actif et à celle de en passif, d'où il résulte un excédent de

NOTA. — Les bijoux et objets précieux ont été expédiés en France par le parti de pour le 189 .

Les effets et objets divers réservés à la famille ont été expédiés en France par le parti pour le 189 .

Les valeurs, effets et papiers de famille ont été expédiés en France par le parti pour le 189 .

, le 189 .

Le Commissaire aux revues,

Planche N° XXXIV

COLONIE
de

COLONIES

ANNÉE 189

MOIS

COMPTE DE LIQUIDATION

d

SUCCESSION

De la succession de

NOMBRE
de
PIÈCES JOINTES :

décédé à

inscrit à

RECETTES

	SOMMES VERSÉES	NUMÉROS ET DATES des mandats de recette, [illegible]
Montant de la vente des meubles et effets.		
Argent trouvé après décès....		
Solde acquise....		
TOTAL des recettes.........		

DÉPENSES

	SOMMES	NUMÉROS et dates des mandats de dépenses
Total des dépenses...............		

RÉSULTAT

Les recettes sont de	
Les dépenses de	
EXCÉDENT transmis en France, par traite n°	

Arrêté le présent compte de liquidation, duquel il résulte que l'avoir définitif de la succession d   est de

, *le*   *189* .

Le Commissaire de l'inscription maritime,

Vu :

Le Commissaire ordonnateur,

Planche N° XXXV.

Mandat payable à

QUARTIER d	ÉTABLISSEMENT DES INVALIDES DE LA MARINE	GESTION 18

NUMÉRO D'ORDRE
DU MANDAT :

Journal du Trésorier, art.
Livre de détail, art.

BORDEREAU
DES PIÈCES
à l'appui du payement

Service des Gens de Mer

DÉPENSE

CHAPITRE

Mandat imputable sur la remise provenant de portée en recette à , le 189 , sous le n° , f° .

(1) Chef du 1er bureau des Invalides, ou Commissaire de l'Inscription maritime.

MANDAT DE. . .

M. le Trésorier des Invalides, Caissier des gens de mer, à , est autorisé à payer à , ou à ses ayants droit, la somme de

Pour acquit :

A

le 189

pour les causes énoncées ci-dessus ; de laquelle somme il fera dépense dans ses écritures en rapportant le présent acquitté et l pièce justificative à l'appui.

A , le 189

Le (1)

NOTA. — Le présent mandat est payable seulement pendant un an à partir du jour de sa date. Passé ce délai, il doit être renvoyé pour être annulé ou réexpédié, à la demande de la partie. (Circ. du 4 mars 1831.)

Voir au verso du présent mandat les différentes conditions dans lesquelles le payement peut être effectué.

On devra, avant le payement, s'assurer de l'identité du titulaire, en se faisant représenter le *livret* ou toute autre pièce dont il serait porteur, et en comparant, avec les renseignements contenus dans le mandat, les nom, prénoms et qualités, temps pendant lequel la somme a été acquise, et autres indications que pourront fournir les pièces communiquées.

Toute différence signalée devra faire suspendre le payement jusqu'à ce qu'elle ait été suffisamment expliquée.

ABSENCE. — En cas d'absence du titulaire, le paiement peut avoir lieu sur la présentation d'une procuration. Les hommes appartenant au service peuvent faire établir cette procuration, sans frais, au nom d'un membre de leur famille, par les autorités dont ils dépendent.

DÉCÈS. — En cas de décès et outre les pièces justificatives que nécessiterait la situation particulière des parties, il devra être produit :

1° Une expédition de l'acte de décès du titulaire sur papier timbré et légalisée par le Président du tribunal de première instance ou par le juge de paix ;

2° Soit l'intitulé d'inventaire, soit un certificat de propriété, soit enfin un acte de notoriété délivré par le Juge de paix ou par un notaire, établissant le nombre et la qualité des héritiers, lesdites pièces légalisées par qui de droit, s'il y a lieu.

Cependant, s'il s'agit de payements de 150 fr. et au-dessous, l'acte de notoriété pourra être remplacé par un certificat du Maire, délivré sur papier libre et sans frais, d'après l'attestation de deux témoins, et légalisé par le Préfet ou le Sous-Préfet.

Dans ce dernier cas, l'expédition de l'acte de décès pourra être également délivrée sur papier libre et devra être légalisée par le Juge de paix.

La légalisation n'est du reste nécessaire que lorsque le payement doit avoir lieu dans une autre commune que celle où les pièces ont été établies.

DÉLÉGATION. — Si le délégataire vient à mourir sans avoir pu toucher le mandat qui lui était destiné, cette pièce doit être renvoyée au département de la Marine, en produisant une copie sur *papier libre* et dûment légalisée de l'acte de décès de la partie.

Toutefois, si la délégation est payable aux *père et mère* conjointement, en cas de décès de l'un des délégataires, le mandat peut être payé sur l'acquit du survivant.

Planche N° XXXVI.

CAISSE DES PRISES

ET

CAISSE DES GENS DE MER

JOURNAL DE DÉPENSE

CAISSE DES PRISES

et

DES GENS DE MER

JOURNA[L] DÉ[...]

MANDATS N^os	MANDATS DATES	N^os des Remises	DÉTAIL DES DÉPENSES	CAISSE DES PRISES Payements et frais divers	CAISSE DES PRISES Versements à la caisse des gens de mer	CAISSE DES PRISES Versements à la caisse des Invalides	TOT[AL]	[...]ements [...] de [...] divers
72	30 N^bre 91	60	M. Crozes, pharmacien, à Pnom Penh. Fourniture de médicaments faite pendant la dernière maladie de M. Biot, surveillant des télégraphes, décédé à Pnom Penh, le 16 mai 1891	»	»	»	[illegible]	65

GESTION 189

DÉPENSE

Mois d

CAISSE DES GENS DE MER				OBSERVATIONS
...gements ...de ...t ...divers	Remboursements de produits de bris et naufrages	Versements à la caisse des Invalides	TOTAL	
65	»	»	13 65	acquit du 12 janvier 1892

Planche N° XXXVII.

CAISSE DES INVALIDES

JOURNAL DE DÉPENSE

CAISSE DE

DES INVALIDES

JOURNAL

NUMÉROS d'ordre des Mandats	DATES des Mandats	DÉTAIL des Dépenses	Excédent des dépenses du compte de l'exercice 189 .	DEMI-SOLDES GESTION 189		PENSIONS et soldes de retraite GESTION 189		SECOURS GESTION 189		FRAIS d'administration et de trésorerie GESTION 189	
				Exerc. 189	Exerc. 189	Exerc. 189	Exerc. 189	Exerc. 189	Exerc. 189	Exerc. 189	Exerc. 189
1	2	3	4	5	6	7	8	9	10	11	12
		Mois de									
9	10 Janvier 1892	M. GERMAIN LACAZE, négociant à Saïgon, créancier suivant facture ci-jointe de la succession de M. ORTIGÉ Jean-Fidèle, capitaine de port décédé à Saïgon. . . .	»	»	»	»	»	»	»	»	»

Rembo... somme... de produits de sold... autres... sés à... mission... invali... Gesti... 189

13

Janv

Mois d 189

DE DÉPENSE

Remboursements de produits de solde et autres versés à la caisse des invalides. Gestion 189	Remboursements de produits de bris et naufrages versés à la caisse des invalides. Gestion 189	DÉPENSES diverses GESTION 189		SOMMES par Exercice		Mandat de Paris	TOTAL général	OBSERVATIONS
		Exerc. 189	Exerc. 189	189	189			
13	14	15	16	17	18	19		20
Janvier 1892								
»	»	»	»	»	»	18 »	18 »	Acquit le 27 Janvier 1892.

Planche N° XXXVIII.

Le payement des sommes dues ne pourra, en aucun cas, être effectué par les comptables du Ministère des finances sur la présentation du présent avis, qui ne doit pas être signé

AVIS
DE SOMME A RECEVOIR

CAISSE DES

Remise N°

OBSERVATIONS

En cas d'absence du marin dénommé ci-contre, le présent bulletin sera remis à sa famille, qui se chargera de le lui donner à son retour, s'il n'a pas laissé de procuration.

Autant que possible, la réclamation du payement devra toujours être appuyée du présent bulletin

Si le marin est décédé ou disparu, ses héritiers auront à produire les justifications nécessaires pour obtenir le payement de la somme qui lui était due.

INSCRIPTION MARITIME

QUARTIER D

Le nommé
fils d *et*
d *né*
à *, le* *inscrit*
à *, f°* *n°* *,*
demeurant à *est*
informé qu'il peut réclamer au bureau de l'Inscription maritime à
la somme de *qui*
lui est due pour

, le *189 .*

Planche N° XXXIX

COLONIE — RÉPUBLIQUE FRANÇAISE — ANNÉE 189

LIBERTÉ, ÉGALITÉ, FRATERNITÉ

Ministère du Commerce, de l'Industrie et des Colonies — Mois d

ADMINISTRATION des Colonies.

SOUS-SECRÉTARIAT DES COLONIES

DÉTAIL DES REVUES

SUCCESSION

PROCÈS-VERBAL DE REMISE DE LA SUCCESSION AUX HÉRITIERS

Aujourd'hui
Nous *Commissaire Colonial, spécialement délégué par M. le Commissaire au Service des Successions, conformément à ses ordres, à l'autorisation de M. le Chef du Service administratif en date du* *et à la circulaire ministérielle du 7 mars 1868, avons procédé à la remise de l'administration, des effets, titres, valeurs, papiers et objets divers, etc., etc., de la succession de* *de son vivant*

décédé le *189 , le*
à Monsieur *mandataire, dans la colonie, des héritiers dudit feu* *en vertu d'une procuration en date d*
laquelle après nous avoir été communiquée, ainsi que les pièces établissant les droits des héritiers, toutes trouvées en bonne et due forme, ont été rendues audit M. *susnommé et qualifié, et avons consigné dans le tableau ci-après le résultat de notre opération.*

DOCUMENTS remis à M.

Numéros d'ordre des pièces	QUANTITÉS en toutes lettres	DESCRIPTION DES PIÈCES et documents remis.	PIÈCES remises en originaux ou en copies	OBSERVATIONS

Monsieur d'autre part nommé et qualifié, reconnaît en cette qualité avoir reçu des mains du délégué de M le Commissaire aux Revues les pièces et documents dont la nomenclature précède, et en donne, de même que l'administration de ladite succession, bonne, entière et valable décharge, et se déclare dès à présent investi, aux lieu et place dudit Commissaire aux Revues auquel il se trouve absolument substitué, de l'administration de la succession de
à toutes fins que de droit. M.
déclare, en outre, d'une façon toute spéciale, se rendre responsable, le cas échéant, du payement des dettes de la succession, et garantir l'administration des Colonies contre toute réclamation de quelque nature qu'elle soit, quelle que soit l'époque qu'elle concerne.

Fait et clos en expédition à les jour, mois et an que dessus.

L Commissaire Colonial,
délégué spécialement au Service des Successions.

Le Mandataire des héritiers,

Planche N° XI.

ADMINISTRATION
des
COLONIES

Successions maritimes

RÉPUBLIQUE FRANÇAISE
LIBERTÉ, ÉGALITÉ, FRATERNITÉ

ANNÉE 189

COLONIES

DÉTAIL DES REVUES

SUCCESSION

PROCÈS-VERBAL DE REMISE DE LA SUCCESSION A LA CURATELLE

Aujourd'hui

Nous *Aide-Commissaire colonial, spécialement délégué par M. le Commissaire aux Revues au Service des Successions, conformément à ses ordres, à l'autorisation de M. le Chef du Service administratif de la Marine en date du* *et à l'avant-dernier paragraphe du rapport qui précède le décret du 27 janvier 1855, portant règlement d'administration publique sur les curatelles et biens vacants aux Colonies, avons procédé à la remise de l'administration des effets, titres, papiers, valeurs et objets divers de la succession de* *de son vivant*

décédé le *189 , à*

à M. le Curateur aux successions et biens vacants de la Colonie, et avons consigné dans le tableau ci-après le résultat de nos opérations.

Documents remis à M. le Curateur aux biens vacants.

NUMÉRO d'ordre des pièces	QUANTITÉS en toutes lettres	DESCRIPTION des pièces et documents remis	PIÈCES remises en originaux ou en copies	OBSERVATIONS

M. le Curateur, d'autre part nommé et qualifié, reconnaît, en cette qualité, avoir reçu du délégué de M. le Commissaire aux Revues les objets et documents dont la nomenclature précède, et en donne, de même que l'administration de ladite succession, bonne, entière et valable décharge, et se déclare, dès à présent, investi, aux lieu et place dudit Commissaire aux Revues, auquel il se trouve absolument substitué, de l'administration de la succession de
à toutes fins que de droit.

Fait et clos en expédition à , les jour, mois et an que d'autre part.

L'Aide-Commissaire colonial,
spécialement délégué au Service des successions.

Le Curateur aux biens vacants.

Planche N° XLI.

COLONIE d | SERVICE GENS DE MER | ANNÉE Mois d

ETAT DES DÉPOTS A REMETTRE EN FRANCE

au 31 189

NUMÉRO ET DATE de la recette au service Gens de mer	NOMS, PRÉNOMS GRADES	MATIÈRE des dépôts	MONTANT de la remise au service Gens de mer	SOMMES transmises en France
	1° Dépôt ayant plus d'un an de date dans la colonie.			
	2° Dépôts n'ayant pas un an de date mais sur lesquels il n'y a plus de payements à faire dans la colonie.			
	3° Dépôts effectués pendant le mois et payables immédiatement en France suivant bordereau général détaillé et annexé à la comptabilité.			

Arrêté le présent état à la somme de comprise dans le mandat n° sur le caissier-payeur central du Trésor public, annexé au présent état.

A le 189

Le Commissaire de l'Inscription maritime.

Vu :
Le Chef du Service administratif,

Planche N° XLII

COLONIE

d

MINISTÈRE

du

COMMERCE, DE L'INDUSTRIE

et

DES COLONIES

DIRECTION

Bureau

EXÉCUTION

de la

DÉPÊCHE MINISTÉRIELLE

du 28 novembre 1878.

DATE DU DERNIER ÉTAT :

ÉTAT NOMINATIF

des fonctionnaires, militaires et autres, décédés dans la colonie

du *au* *189*

NUMÉROS MATRICULES	NOMS ET PRÉNOMS	GRADES	CORPS auxquels appartiennent les décédés	AGES	LIEUX DE NAISSANCE	…NIERS DO…

…ERS DOMICILES	LIEUX DES DÉCÈS	DATES DES DÉCÈS	CAUSES DE LA MORT	OBSERVATIONS

A , le 189

Le Commissaire aux Revues,

Vu :
Le Chef du Service administratif,

Vu :
Le Gouverneur.

ANNEXES

TEXTES LÉGISLATIFS ET RÉGLEMENTAIRES

SE RATTACHANT

AU SERVICE DES SUCCESSIONS MARITIMES

DANS LES COLONIES

ANNEXES

13 Mai 1791. — Loi relative à la Caisse des Invalides de la Marine.

. . . .

ARTICLE 4.

Cette caisse conservera pour revenus casuels :

. . . .

8° Le produit des successions des marins et autres personnes mortes en mer, les sommes de part de prise, gratifications, salaires et journées d'ouvriers et autres objets de pareille nature concernant le service de la Marine, lorsqu'ils ne seront pas réclamés.

. . . .

22 Mai 1816. — Ordonnance portant rétablissement de la Caisse des Invalides de la Marine.

ARTICLE 1.

La caisse des Invalides de la Marine est rétablie sur les bases de son institution, conformément aux dispositions de l'édit de 1720 et de la loi du 13 mai 1791.

. . . .

ARTICLE 5.

La caisse conserve les dotations et revenus qui lui ont été attribués par les édits, lois, ordonnances et règlements rendus jusqu'à ce jour, et dont elle est actuellement en jouissance.

Ces dotations se composent :

. . . .

4° Du produit non réclamé des successions des marins et autres personnes mortes en mer.

---

17 Juillet 1816. — **Règlement portant instructions sur l'administration et la comptabilité de l'Établissement des Invalides de la Marine.**

. . . .

ARTICLE 16.

Les recettes de la caisse des gens de mer se forment :

. . . .

6° Des produits des successions.

. . . .

ARTICLE 23.

Les effets et hardes déposés au magasin général ou au bureau des classes, et qui n'ont pas été réclamés, sont vendus, après un an de dépôt, ou plus tôt s'il est jugé nécessaire, d'après les ordres de l'administrateur en chef de la marine, par les soins et en présence du commissaire des classes, qui dresse un procès-verbal, où les différents articles sont consignés séparément, le produit de la vente est également remis au caissier des gens de mer.

. . . .

---

25 Mai 1846. — Circulaire Ministérielle portant instructions sur la comptabilité de l'Établissement des Invalides de la Marine dans les colonies.

. . . .

Chapitre : Produits d'inventaires et de successions.

En règle générale, les inventaires, ventes et recouvrements relatifs aux successions, qui sont du ressort de l'autorité administrative, ainsi que les liquidations desdites successions, doivent être faits par les soins de l'administration de la marine, à l'exclusion des commissaires-priseurs et autres agents analogues : et les produits doivent être versés dans la caisse des « gens de mer », où s'opère la réalisation (1).

Il a été remarqué, que sur les états de liquidation établis dans plusieurs colonies, on faisait figurer des dépenses plus ou moins élevées pour droits de vente et d'enregistrement.

D'après les dispositions qui précèdent, lesquelles sont confirmées par l'article 239 du règlement du 31 octobre 1840 sur la comptabilité approuvé par le roi, ces sortes de ventes ayant dû être faites exclusivement par l'autorité maritime, les procès-verbaux qui les constatent

---

(1) Voir deux arrêts de la Cour de Cassation des 22 novembre 1847 et 16 juillet 1849.

sont des actes administratifs, et, à ce titre, ils ne sont pas assujettis au droit proportionnel d'enregistrement, mais bien au droit fixe de 1 fr. 10 cent., le dixième compris. C'est ce qui a été réglé, dès l'origine, par une décision du ministre des finances du 8 germinal an VIII, notifiée dans les ports par une circulaire (Invalides) du 10 du même mois, et ce qui continue de se faire dans tous les quartiers du royaume.

Une autre observation est relative au long délai qui s'écoule généralement entre le décès du titulaire et la liquidation de sa succession. C'est là une des causes qui contribuent à apporter dans cette partie du service des retards préjudiciables aux intéressés.

. . . .

Mon attention s'est également arrêtée sur diverses réclamations qui sont parvenues à mon Département.

Les unes sont relatives à la vente d'objets ayant appartenu aux défunts, et que, malgré leur peu de valeur, les familles auraient tenu à conserver.

Les autres se rapportent à des payements faits aux créanciers sur les lieux.

En ce qui concerne les objets vendus, le désir exprimé par les familles est trop légitime pour que l'administration ne s'empresse pas d'y satisfaire. Je vous prie, en conséquence, de recommander de nouveau que les objets non périssables et pouvant être de quelque intérêt pour les familles, soient conservés en nature jusqu'à ce que celles-ci, à qui il en sera donné avis, aient fait connaître leurs intentions ; mais, dans aucun cas, cela ne devra suspendre l'envoi des fonds en France pour la portion liquide et réalisée.

Quant à l'autre catégorie de réclamations, il a été reconnu que, dans la plupart des colonies, l'usage s'était introduit d'acquitter sur les produits de successions toutes les dettes contractées dans la localité, à quelque titre que ce fût. De là résultent ces deux conséquences :

1° Qu'il n'est plus possible aux héritiers, à qui ce droit appartient, de discuter les titres des créances dont le montant est soldé sans leur participation ;

2° Que les produits se trouvent parfois absorbés en totalité ou notablement réduits, au détriment de certains créanciers qui résident en France, et qui seraient cependant autorisés par la loi à exercer leur recours contre la succession.

Dans le but d'obvier à ces inconvénients, j'insiste pour que ces sortes de payements ne soient faits qu'avec la plus grande réserve, et pour que, dans les liquidations, il ne soit admis en dépense que des dettes privilégiées, telles qu'elles sont définies par le Code Civil (article 2101).

---

27 Janvier 1855. — **Rapport sur les dispositions du Décret organique des curatelles.**

. . . .

Enfin, le même acte rappelle (article 25) que les successions des fonctionnaires ou agents civils ou militaires décédés dans les colonies ne tombent pas de droit sous l'administration des curateurs. Les lois et ordonnances de la Marine ont statué sur cet objet en déférant cette administration et les formalités qui s'y rattachent aux commissaires aux revues. Ceux-ci, dont le concours est d'ailleurs entièrement gratuit, peuvent, lorsqu'ils le jugent opportun, remettre à la curatelle la gestion de ces successions : et ce cas se présenterait sans doute lorsque les successions comprendraient un actif considérable. La mention dont il s'agit a paru nécessaire pour prévenir la reproduction de difficultés sur lesquelles, au surplus, il a été prononcé dans le passé par des arrêts de cassation qui ne laissent rien à désirer.

. . . .

27 *Janvier 1855*. — Décret portant règlement d'administration publique sur les curatelles et biens vacants à la Martinique, à la Guadeloupe et à la Réunion.

. . . .

Article 11.

Aussitôt que le curateur a eu connaissance d'un décès *autre que celui d'un fonctionnaire ou agent civil ou militaire*, et qu'il ne se présente ni héritier, ni légataire universel, ni exécuteur testamentaire, il provoque immédiatement l'apposition des scellés, si elle n'a déjà été opérée.

. . . .

Article 22.

En recevant la déclaration de tout décès, l'officier de l'état civil est tenu de s'informer si les héritiers du défunt sont présents ou connus. En conséquence, les aubergistes, hôteliers, locataires et toutes autres personnes chez lesquelles est décédé un individu dont les héritiers sont absents ou inconnus, doivent, à peine de tous dépens et dommages-intérêts envers qui de droit, fournir à cet égard, à l'officier de l'état civil, tous renseignements qui peuvent être à leur connaissance, et lui déclarer en même temps si le défunt a laissé ou non des sommes d'argent, des effets mobiliers ou des papiers dans la maison mortuaire.

. . . .

ARTICLE 25.

Si le décédé est un fonctionnaire ou un agent civil ou militaire, toute personne chez laquelle le décès a eu lieu, tout directeur d'hôpital, doivent transmettre les avis, renseignements et déclaration mentionnés en l'article 22, à l'officier de l'état civil et à l'officier d'administration de la marine chargé des revues, lequel procède à l'apposition des scellés et administre la succession suivant les formes et règles spéciales déterminées par les lois et ordonnances de la marine.

25 Juillet 1855. — **Circulaire Ministérielle. — Instructions sur l'exécution du décret du 27 janvier 1855, concernant l'administration des successions et biens vacants aux Antilles et à la Réunion.**

. . . .

Lorsqu'il y a décès d'un fonctionnaire ou agent attaché au service public, c'est au commissaire aux revues qu'il appartient d'accomplir les formalités qui, dans un autre cas, ressortissent concurremment au curateur et au juge de paix. On a jugé nécessaire de consigner à cette occasion dans le décret les prescriptions résultant des décisions judiciaires précédemment intervenues en cette matière.

J'appelle votre attention sur l'observation que contient le rapport à l'Empereur, à l'égard de la faculté que conserve toujours l'administration de la marine de remettre, si elle le juge à propos, la gestion de ces successions à la curatelle.

. . . .

---

16 Juin 1859. — **Dépêche Ministérielle. — Instructions sur le mode de gestion des successions des fonctionnaires et des agents qui décèdent aux colonies.**

En 1858, l'administration de la Martinique a consulté le département de l'Algérie et des Colonies sur le point de savoir s'il incombe ou non à l'administration de la marine, à l'exclusion de la direction de l'intérieur, de pourvoir à la liquidation des successions de tous fonctionnaires et agents salariés de l'État et du service local qui décèdent aux colonies et dont les héritiers sont absents.

On a demandé également, dans l'une de nos colonies, si la gestion de l'administration de la marine par les mains de l'officier chargé des revues doit s'étendre aux successions des agents municipaux.

Les motifs invoqués à l'appui de l'affirmative, sur le double point dont il s'agit, résulteraient de la généralité des termes de l'article 25 du décret du 27 janvier 1855, concernant l'administration des successions et biens vacants dans nos trois principales colonies, comme des instructions ministérielles qui ont accompagné ce décret.

Pour la négative, et à l'égard spécialement des fonctionnaires et des agents dépendant de la direction de l'intérieur, on se fonde sur ce que la disposition générale de l'article précité aurait été restreinte dans son application par le décret du 26 septembre 1855 sur le nouveau régime financier des colonies. Ainsi dans ce système, l'ordonnateur, qui, avant le décret, avait l'ordonnancement des dépenses de tous les services, n'ayant plus à s'occuper aujourd'hui que des dépenses du service colonial, au compte de l'État, et le directeur de l'intérieur ayant, de son côté, à ordonnancer les dépenses du service local, il s'ensuivrait que, pour le personnel spécial placé sous la dépendance de chacun de ces deux fonctionnaires, la gestion des successions provenant des agents dont il se compose devrait appartenir au commissaire aux revues pour les agents rétribués sur les fonds du service colonial, et à la direction de l'intérieur pour ceux qui sont payés sur le service local.

Une semblable doctrine n'est point admissible. En effet, d'une part, il ne faut pas perdre de vue que, dans l'état actuel de la législation, les fonctionnaires et les agents salariés de l'État ou du service local aux colonies ont tous à subir, sans exception, sur leurs appointements, une retenue au profit de la caisse des Invalides de la marine. D'un autre côté, le décret du 23 décembre 1857, portant réorganisation des directions de l'intérieur aux colonies, a assimilé le personnel de ces directions, pour la solde comme pour les pensions de retraite sur la caisse des Invalides, aux officiers et aux employés du commissariat qui sont attachés au service de ces mêmes directions: on ne comprendrait pas, dès lors, que des fonctionnaires et des agents qui se trouvent ainsi rattachés, au même titre, à l'administration de la marine, pussent en être distraits quand il s'agit de la gestion officieuse de leurs successions.

En définitive, d'après les dispositions combinées des trois décrets précités du 27 janvier, du 26 septembre 1855 et du 23 décembre 1857, c'est au commissaire aux revues qu'il appartient de gérer les successions de tous les fonctionnaires et agents civils et militaires salariés de l'État ou du service local. Cette règle implique naturellement, pour la caisse des Invalides de la marine, un droit éventuel sur le montant des successions dont elle reçoit le dépôt : mais il est à remarquer que la déshérence se produisant dans des cas assez rares, c'est bien moins l'administration de la marine qui est intéressée à l'intervention vigilante, et d'ailleurs toute gratuite, du commissaire aux revues, pour la gestion des successions de fonctionnaires et des agents, que les héritiers eux-mêmes.

Quant aux agents municipaux, comme ils sont payés sur les fonds des communes, et que rien ne les rattache à la caisse des Invalides de la marine, la gestion de leurs successions rentre évidemment dans les attributions du curateur aux successions vacantes, telles qu'elles sont définies et consacrées, pour les colonies, par le décret du 27 janvier 1855.

---

19 Décembre 1859. — Instruction générale sur la comptabilité de l'Établissement des Invalides de la marine.

. . . .

Article 4.

La caisse des gens de mer est destinée à recevoir en dépôt, savoir :

. . . .

Le produit des successions des officiers, marins, militaires, ouvriers et agents de tout grade du département de la marine, lorsqu'ils décèdent en cours de voyage, ou dans nos établissements d'outre-mer, ainsi que les sommes et objets trouvés au décès des passagers qui meurent à bord des bâtiments de commerce (1) :

. . . .

ARTICLE 14.

Lors du dépôt des effets, hardes, etc., provenant des marins, militaires ou passagers décédés, lequel doit avoir lieu, soit au bureau des armements pour les bâtiments de l'État, soit au bureau de l'inscription maritime pour les marins, il est fait apostille de la date de ce dépôt sur le rôle d'équipage, et il en est fourni récépissé à la partie qui l'a effectué (2) (3).

. . . .

ARTICLE 15.

Les valeurs et objets précieux provenant de successions, tels que : billets de la banque de France, monnaies étrangères, bijoux, traites et autres effets de portefeuille, donnent lieu aux opérations suivantes :

Il est immédiatement fait recette au service gens de mer, chapitre « produits d'inventaires et de successions », du numéraire et des billets de la banque de France dont le montant doit figurer audit service.

Pour les monnaies étrangères, il y a lieu de joindre à l'état de versement un certificat du changeur constatant la somme qu'elles auront produites au change.

---

(1) Loi du 13 mai 1791 relative à la caisse des Invalides de la marine. (Art. 4, § 8.)

Règlement portant instruction sur l'administration et la comptabilité de l'Établissement des Invalides de la marine du 17 juillet 1816, art. 21 à 23.

(2) Décret du 11 août 1856, art. 480 et 481.

(3) Les ventes d'objets même celles des sacs sont assujéties au droit proportionnel d'enregistrement. (Circul du 7 avril 1863, BO.)

ARTICLE 16.

Quant aux bijoux, la comptabilité ne pouvant recevoir que des valeurs monétaires de France, ils sont déposés en nature, « pendant un an, dans la caisse de sûreté après qu'il en a été dressé un inventaire descriptif. Le délai d'un an étant expiré, il est procédé à la vente de ces bijoux aux enchères publiques, par les soins de l'administration de la marine, à moins qu'il n'y ait correspondance engagée avec les familles pour la remise *en nature* desdits objets (1).

Le produit de la vente dont il est parlé ci-dessus est versé au service *gens de mer.*

Si la remise des objets doit se faire *en nature,* le comptable, qui était chargé du dépôt, ne peut le délivrer que sur l'autorisation du commissaire de l'inscription maritime, et la production de titre d'hérédité, ou après s'être reporté à ces titres, s'ils ont été fournis à l'appui du paiement d'un produit de succession en numéraire.

ARTICLE 17

Enfin pour ce qui est des traites et autres effets de portefeuille, leur recouvrement étant soumis à des éventualités, le montant doit en être porté au compte accessoire *Recettes à régulariser,* et non pas au service *Gens de mer.* La recette à ce dernier service n'a lieu qu'après la réalisation des valeurs.

. . . .

ARTICLE 90.

Les mandats de payement ne sont valables que pen-

(1) Ces ventes considérées comme « actes administratifs, » sont faites sans que les commissaires-priseurs ou autres agents analogues aient le droit d'imposer leur intervention : à Paris, néanmoins, on a recours à un commissaire-priseur.

Pour les effets et objets, voir art. 21 et suivants du règlement du 17 juillet 1816.

dant un an (1) : ceux qui ne seraient pas acquittés après ce délai sont annulés sans préjudice des droits de créanciers, et sauf réexpédition en cas de réclamation ultérieure.

. . . .

ARTICLE 119.

Les héritiers ou représentants d'un créancier de l'Établissement des Invalides doivent justifier de leur droit, soit que les mandats aient été expédiés au nom desdits héritiers et représentants, soit qu'ils l'aient été au nom de celui qu'ils représentent.

ARTICLE 120.

Les pièces à produire pour les payements des décomptes après décès, sont :

1° Le mandat comptable quittancé par tous les héritiers ou leurs représentants ;

2° Une expédition de l'acte de décès du titulaire :

3° Un extrait de l'intitulé d'inventaire, ou un certificat de propriété, ou à défaut, un acte de notoriété constatant le nombre, la qualité et les droits des héritiers :

4° Le testament, s'il en existe :

5° Enfin, toutes les autres pièces établissant, suivant le cas, les droits des tuteurs, etc.

ARTICLE 121.

Pour les successions dont le produit est de 150 francs ou inférieur à ce chiffre, l'expédition de l'acte de décès peut être délivrée sur papier libre et sans frais, par le maire, et être légalisée par le préfet ou par le sous-préfet, ou bien encore par le président du tribunal civil.

. . . .

(1) Pour les colonies, le délai de péremption est porté à deux ans (Circ. du 30 avril 1870.)

ARTICLE 123.

Quant aux marins ou autres, dont la mort n'aurait pu être constatée ni par acte administratif, ni par acte de l'état civil, les sommes par eux acquises et composant leur succession ne peuvent être payées que lorsqu'il sera justifié de l'accomplissement des formalités voulues par le Code Napoléon, savoir : jugement déclaratif du décès ou, à défaut, jugement de déclaration d'absence et d'envoi en possession.

ARTICLE 124.

Toutefois, pour les créances n'excédant pas 300 francs, les ayants droit ne seront pas astreints aux dites formalités judiciaires dont les frais viendraient le plus souvent absorber le montant de la créance. Dans ce cas, il sera demandé aux parties un certificat de notoriété constatant le décès présumé, le nombre et la qualité des héritiers, et le ministre accordera, s'il y a lieu, l'autorisation de passer outre au payement (1).

ARTICLE 125.

Les syndics des gens de mer sont autorisés à délivrer, sur papier libre, des certificats de notoriété pour le payement par l'Établissement des Invalides de sommes n'excédant pas 150 fr. : ces actes sont soumis au visa du commissaire de l'inscription maritime qui doit en surveiller la rédaction(2). Lorsqu'il n'y a pas de syndic des gens de mer,

---

(1) Lorsqu'il y a un ou plusieurs héritiers absents, en tout état de cause, le libellé du mandat doit indiquer la somme totale à répartir entre tous les héritiers. Le même libellé doit présenter en outre un décompte faisant ressortir le restant à payer comme part réservée aux héritiers absents.

(2) Les colonies où il y a des syndics des gens de mer, sont : la Réunion, la Martinique, la Guadeloupe, le Sénégal et Saint-Pierre et Miquelon.

l'acte de notoriété est reçu par le maire de la commune et légalisé par le sous-préfet.

ARTICLE 126.

Lorsqu'il s'agit de payements au-dessus de 150 fr., les actes de notoriété sont délivrés par le juge de paix ou par un notaire, et dans ce cas ils doivent être timbrés et enregistrés.

ARTICLE 127.

Par le mot *payement* il faut entendre l'acquittement intégral de la créance dont l'Établissement des Invalides est le débiteur.

Il est interdit, en conséquence, de fractionner l'expédition des mandats en sommes inférieures à 150 fr. dans le but de dispenser des justifications réglementaires.

ARTICLE 128.

Une distinction doit être établie entre les payements d'arrérages de pensions et les payements de sommes déposées dans la caisse des gens de mer ou qui en proviennent. Pour les payements de cette catégorie il y a lieu de faire application des règles ci-dessus rappelées.

Quant au recouvrement des arrérages de pensions après décès, les expéditions d'actes de l'état civil à produire par les héritiers des pensionnaires sont exemptes de la formalité du timbre et de l'enregistrement, *quel que soit le montant de la créance*, à l'instar de ce qui se pratique au ministère des finances pour les cas de l'espèce. Sont également affranchis de l'enregistrement les actes de notoriété constatant les droits des héritiers des pensionnaires.

ARTICLE 129.

L'acte de notoriété fourni à défaut d'un extrait d'intitulé d'inventaire doit être dressé sur l'attestation de deux témoins majeurs, sachant signer, et il doit présenter, avec exactitude, les indications suivantes, savoir :

1° Les nom, prénoms, âge, qualité et demeure des deux témoins majeurs (1);

2° Les nom, prénoms, âge, grade ou qualité du défunt ; selon le cas et autant que possible, le folio et le numéro de son inscription, le nom du bâtiment de l'État ou de commerce, s'il était embarqué lors de son décès ;

3° Le lieu du décès, soit à domicile, soit à bord, soit à l'hôpital ;

4° Si le défunt était célibataire, marié ou veuf;

5° S'il n'y a pas eu de testament, ce qui, dans ce cas, est mentionné par ces mots *ab intestat* (2) ;

6° Les noms, prénoms, qualité et domicile des héritiers, en faisant connaître s'ils sont majeurs ou mineurs (3), mariés ou célibataires, présents ou absents, et s'il existe ou non des héritiers à réserve, c'est-à-dire des ascendants ou descendants ; indiquer les noms des maris, si les héritières sont mariées : les noms des tuteurs, s'il y a des héritiers en état de minorité, ayant soin de mentionner si les héritiers mineurs sont sous la tutelle légale de leur père ou mère ou de leur ascendant mâle.

Article 130.

Il est essentiel que les indications contenues dans l'acte

---

(1) Il n'y a pas lieu d'exiger d'un notaire ou d'un juge de paix la mention de l'âge ou de la majorité des témoins, s'il s'y refuse. Il reste responsable à ce sujet. (Avis de la Trésorerie générale, affaire Payro.)

(2) Il n'y a pas à insister à ce sujet pour les actes notariés, plusieurs notaires ayant refusé de porter cette mention qui cependant a été exigée par la Cour des Comptes, par l'injonction n° 27 sur la gestion 1862.

(3) Si le certificat de notoriété ne mentionne pas la majorité d'un héritier, la production de la copie en forme de son acte de naissance y supplée (affaire Payro.)

de notoriété soient conformes à celles exprimées dans l'acte de décès ou dans les autres pièces qui sont produites à l'appui du payement.

Si entre les diverses pièces fournies il se trouve des différences, soit dans l'orthographe des noms, soit dans l'ordre et le nombre des prénoms, il devra être fait les déclarations nécessaires dans l'acte de notoriété, afin d'établir l'identité des parties.

ARTICLE 131.

Quant aux droits des héritiers et aux parts qui leur sont dévolues, le cadre restreint dans lequel la présente instruction doit se renfermer ne permettant pas de les définir et de les régler d'une manière précise, on devra, pour les divers cas qui se présenteraient, se référer aux dispositions du Code Napoléon, en apportant dans les formalités à remplir toutes les facilités qui seraient compatibles avec les présomptions de la loi et la nature spéciale du service.

Les points principaux à consulter sont :

Pour les successions déférées aux descendants, l'article 745 du Code Napoléon ;

Pour les successions déférées aux ascendants, les articles 746 à 749 ;

Pour les successions collatérales, les articles 750 à 755 ;

Pour les successions irrégulières comprenant :

1° Les droits des enfants naturels légalement reconnus, sur les biens de leur père ou mère, et la succession des enfants naturels décédés sans postérité, les articles 756, 757, 758, 759 et 765.

2° Les droits du conjoint survivant, les articles 767, 770 et 771.

En ce qui concerne cette dernière catégorie, il y a lieu de consigner ici les remarques suivantes :

L'époux survivant étant toujours supposé (quand le contraire n'est pas justifié), avoir vécu en communauté de biens avec le décédé, il a droit à la moitié des sommes dues à cette communauté, l'autre moitié appartenant aux héritiers du défunt.

Quand il n'y a pas eu communauté entre les époux, alors la somme due au décédé appartient à ses héritiers seuls.

Lorsque le défunt ne laisse ni parent au degré successible, ni enfants naturels reconnus, les biens de sa succession appartiennent au conjoint non divorcé qui lui survit. (Art. 767 précité du Code Napoléon).

Dans le cas où le produit net de la succession n'excéderait pas 150 francs, la veuve pourrait recevoir sur la simple production d'un acte de notoriété délivré par le juge de paix.

En cas de renonciation à la succession d'un ou plusieurs héritiers, cette renonciation, si elle n'est pas exprimée dans l'acte de notoriété, doit être fournie en un acte exprès, dûment en forme.

ARTICLE 132.

S'il existe un testament et si la somme à payer, comme produit de la succession, est au-dessus de 150 francs, il devra être fourni telles justifications que de droit, d'après les dispositions du Code Napoléon. (Art. 1006 et 1008) (1).

Il peut être suppléé à la production des titres d'hérédité, des testaments et autres actes, savoir : pour les sommes de 150 francs et au-dessous, par « un certificat de propriété » délivré par le syndic des gens de mer, ou par le maire, lorsqu'il n'y a pas de syndic dans la commune (2).

Et pour les sommes au-dessus de 150 francs, par un

(1) Quand le testament est authentique, l'envoi en possession n'est pas nécessaire (art. 1006 du Code civil).

(2) Les certificats de propriété sont dispensés de l'enregistrement lorsqu'ils justifient le paiement du prorata dû par l'État d'un traitement ou d'une solde d'activité. (Circ. du Ministre des

certificat de propriété délivré par le juge de paix ou un notaire.

Dans ces deux cas, c'est au signataire, responsable du certificat de propriété, qu'il appartient de se faire communiquer les titres établissant les droits des héritiers, légataires ou autres.

Le fonctionnaire qui aura rédigé le dit certificat pourra également recevoir la déclaration par laquelle les parties prenantes conféreraient pouvoir à l'une d'elles de se présenter à la caisse et de donner un seul acquit pour tous les ayants droit.

---

finances du 27 mars 1880. — Loi du 13 décembre 1830). — Décision ministérielle (finances) du 20 octobre 1842 et 17 décembre 1852. — Règlement des finances, p. 99, art. 10.)

Nomenclature des pièces et justifications à produire pour la comptabilité spéciale de l'Établissement des Invalides de la Marine.

SERVICES	ANALYSE du mode d'administration ou de comptabilité.	PIÈCES A PRODUIRE aux Trésoriers des Invalides à l'appui des mandats	PIÈCES à fournir à l'appui du compte général	Observations
	— Recette —			
	. . . .	. . . .	. . . .	
	. . . .	. . . .	. . . .	
Service Gens de mer	Produits d'inventaires et de successions (brut).	Mandat ; copie de l'inventaire ; idem du procès-verbal de vente, ou de conversion de valeurs, s'il y a lieu ; état de versement.	Mandat ; les pièces à l'appui devant nécessairement rester dans les quartiers pour servir à faire les paiements.	
	— Dépense —			
	. . . .	. . . .	. . . .	
	. . . .	. . . .	. . . .	
	Produits d'inventaires et de successions.	Cet article comprend les frais de succession et la remise du produit net aux héritiers et autres ayants droit. Dans le premier cas fournir à l'appui du mandat les pièces justificatives suivant la nature des dépenses ; dans l'autre cas, produire au soutien du mandat les titres d'hérédité et autres.	Même justification que ci-contre.	

20 Juin 1864. — **Arrêté Ministériel sur le service des successions et biens vacants à la Martinique, à la Guadeloupe, à la Réunion, à la Guyane et au Sénégal.**

ARTICLE 1.

La curatelle comprend :

1° Les successions de personnes décédées aux colonies *autres que les fonctionnaires et agents civils ou militaires*, au sujet desquelles il ne se présente ni héritier, ni légataire universel, ni exécuteur testamentaire.

2° Les biens vacants et sans maîtres.

. . . .

---

14 Novembre 1866. — **Dépêche Ministérielle. — Rappel des dispositions contenues dans la Circulaire du 25 mai 1846.**

En examinant l'état de liquidation et le procès-verbal d'inventaire dressés par le conseil d'administration du 3e régiment d'infanterie de marine, après la mort de M. le sous-lieutenant C... décédé à Saïgon, le 21 mai dernier, il a été remarqué qu'il existe une différence, au préjudice de la succession de cet officier, entre la somme versée à la caisse des gens de mer et celle résultant de l'état de liquidation.

. . . .

Afin de faire cesser les incertitudes de ce genre et mieux assurer l'ordre et la régularité en ce qui concerne la gestion des successions maritimes, il a paru utile de rappeler ici les dispositions de la circulaire du 25 mai 1846, d'après lesquelles il ne doit être généralement admis en dépense, dans les liquidations de succession, que les dettes privilégiées telles qu'elles sont définies par le Code Napoléon, article 2101.

Il importe, en effet, de ne pas perdre de vue que, en vertu de la loi, la succession d'un militaire, d'un fonctionnaire, ou d'un agent du département de la marine, décédé dans les colonies, est ouverte là où le défunt a son domicile légal, c'est-à-dire au lieu de sa naissance, à défaut d'autre indication de domicile constaté par un acte régulier.

C'est ce qui fait que les produits de successions des colonies sont, pour la plupart, remis en France, parce que là se trouvent les familles des décédés et que là, par conséquent, doivent être réglés les intérêts des ayants droit.

D'après les considérations qui précèdent, vous reconnaîtrez qu'il y a lieu de maintenir *en principe*, l'application des dispositions contenues dans la circulaire précitée du 25 mai 1846, sauf, bien entendu, les cas où la règle rencontrerait une exception, dont il y aurait raisonnablement à tenir compte.

Vous voudrez bien également recommander :

1° D'opérer le versement, dans la caisse des gens de mer, de la totalité du produit de chaque succession ;

2° De signaler avec soin, sur les pièces de recette, l'origine des sommes versées ;

3° De faire figurer avec toutes les indications désirables sur les états de liquidation, l'ensemble des sommes, l'actif et le passif de la succession.

7 Mars 1868. — **Circulaire Ministérielle au sujet des attributions du commissaire aux revues et du commissaire de l'inscription maritime en matière de successions de fonctionnaires et agents du département de la Marine.**

Par lettre du 31 août dernier, numéro 537, vous m'avez rendu compte d'une dissidence d'opinions qui s'est produite, entre un ordonnateur et un contrôleur colonial, au sujet des obligations respectives qui incombent au détail de revues et à celui de l'inscription maritime dans la gestion des successions des fonctionnaires et des agents civils et militaires de la colonie.

Le décret du 27 janvier 1855, portant règlement d'administration publique sur la gestion des successions et biens vacants aux Antilles et à la Réunion, a maintenu entre les mains des agents de la marine le droit d'administrer exclusivement les successions des fonctionnaires et divers salariés du département. Son article 25 porte, il est vrai, que le commissaire aux revues procède à l'apposition des scellés et « administre » les successions ; mais il ajoute : « suivant les formes et règles déterminées par « les lois et ordonnances de la marine. »

Or, en se reportant aux actes qui régissent la matière, on voit que le commissaire de l'inscription maritime a un rôle actif à remplir en pareil cas. Ce rôle est ainsi défini dans l'instruction du 28 novembre 1856 : « Les commis- « saires de l'inscription maritime recueillent les succes- « sions des marins, officiers et autres agents de la marine « décédés dans les colonies et en font la liquidation, en se « conformant aux prescriptions des lois et règlements sur « les successions en général. »

Les mesures adoptées à la Martinique et que M. l'Ordonnateur de..... voudrait faire appliquer à....., sont conformes aux principes, et je ne puis, par conséquent, qu'y donner mon approbation.

Ainsi, dès que l'avis du décès d'un fonctionnaire ou agent parvient au commissaire aux revues, celui-ci doit, s'il y a lieu, requérir l'apposition et, ultérieurement, la levée des scellés, faire faire l'inventaire administratif, procéder à la vente de ceux des objets dépendant de la succession qu'il ne paraît pas à propos de conserver en nature pour la famille absente : il établit le décompte de la solde acquise, fait les diligences nécessaires pour le recouvrement des dettes actives, et prépare les pièces au moyen desquelles sont versés ou déposés immédiatement à la caisse des gens de mer, avec le concours du commissaire de l'inscription maritime, le numéraire, les effets de portefeuille, les bijoux et autres valeurs ; il doit, en outre, par des insertions au journal officiel ou tout autre moyen de publicité, inviter les créanciers du défunt à produire leurs titres dans un délai déterminé, et recueillir de cette façon les factures, comptes, bordereaux, états de dépense et autres éléments du passif de la succession. Ces préliminaires achevés avec toute la promptitude qu'ils peuvent comporter, le commissaire aux revues dresse, en double expédition, par « débit » et « crédit », un compte provisoire de la liquidation de ladite succession, et le transmet avec les pièces à l'appui, au commissaire de l'inscription maritime, qui lui en donne décharge par un récépissé mis au bas de l'une des expéditions. A partir de ce moment, le commissaire aux revues n'a plus à s'occuper de la succession, et doit renvoyer à son collègue toutes les réclamations auxquelles elle peut donner lieu.

Le commissaire de l'inscription maritime classe alors les dettes suivant le privilège que la loi accorde à chacune d'elles, mandate, en proportion de l'actif, celles qui sont privilégiées, conserve les titres des autres créanciers au dossier, prépare les remises à faire à Paris, et, dans ce but, dresse la liquidation définitive, faisant ressortir le reliquat à envoyer en France. Si postérieurement au compte de liquidation provisoire établi par le commissaire aux revues, il survenait de nouvelles ressources, ou s'il se manifestait de nouvelles réclamations, c'est, comme je l'ai dit plus haut, le commissaire de l'inscription maritime qui aurait à en connaître.

Il est d'ailleurs bien entendu que lorsque les familles présentes sur les lieux revendiquent, avec raison, la gestion des successions ouvertes à leur profit, il convient de les leur remettre dans l'état où elles se trouvent et moyennant les décharges propres à garantir la responsabilité de l'administration.

Je n'ai pas besoin de faire remarquer que les dispositions qui précèdent ne concernent pas les successions des marins inscrits et des passagers, lesquelles restent dans les attributions exclusives du commissaire de l'inscription maritime.

---

5 Août 1873. — **Arrêté du Gouverneur de la Cochinchine. — Ouverture d'un compte accessoire dans les écritures du Trésor pour l'encaissement provisoire des produits de ventes d'effets ou d'objets provenant de successions maritimes et de bris et naufrages qui ne pourront être immédiatement encaissés au compte du service « Gens de mer ».**

ARTICLE PREMIER

A partir du 1er août courant, les dispositions de la circulaire ministérielle du 23 novembre 1860 seront appliquées en Cochinchine (1).

En conséquence, tous les produits de vente d'effets ou d'objets provenant de successions maritimes et de bris et naufrages qui ne pourront être immédiatement encaissés au compte du service gens de mer, seront provisoirement reçus par le trésorier-payeur à un compte accessoire ouvert dans ses écritures sous le titre : Correspondants des trésoriers coloniaux. — Opérations pour le compte de l'Établissement des Invalides de la marine à appliquer ultérieurement (2).

ARTICLE 2.

Ces produits seront pris en recette par le comptable supérieur sur la production d'ordres de versement conformes au modèle ci-joint et établis suivant le cas par les détails des revues et de l'inscription maritime. Ils donneront lieu, comme toutes les autres recettes, à la délivrance de récépissés à talon. — Planche, n° XXIX.

ARTICLE 3.

Aussitôt après l'établissement des procès-verbaux de ventes, les sommes versées en compte accessoire seront reportées définitivement, par le trésorier-payeur, au titre du service « gens de mer », d'après les mandats réguliers de recette délivrés par le détail de l'inscription maritime,

---

(1) La circul. du 23 novembre 1860 autorise l'ouverture d'un compte accessoire dans les écritures des trésoriers coloniaux pour la recette provisoire de ces divers produits en attendant qu'ils puissent être définitivement encaissés au titre du service gens de mer.

(2) Ce compte a été supprimé par une circulaire du Ministre des finances en date du 28 août 1891, et les produits précédemment portés à ce compte sont versés au compte : « Divers, leur compte « de recettes à classer. »

et appuyés de justifications exigées par l'instruction ministérielle du 19 décembre 1859 (1).

---

20 *Décembre 1873*. — Dépêche Ministérielle. — Versement opéré à tort à la curatelle des biens vacants.

Par une lettre du 24 septembre dernier, relative à la succession du sieur X***, pilote de la rivière de Saïgon, vous m'avez fait connaître que, sur la demande du curateur aux biens vacants, le commissaire de l'inscription maritime avait cru devoir faire sortir de la caisse des gens de mer, qui les avait reçues conformément aux règlements, des sommes relativement importantes dont le recouvrement n'avait causé aucune dépense, et qui auraient pu être envoyées en France où se trouvent les héritiers.

D'après les informations contenues dans votre lettre, cette succession « maritime » pouvait donner lieu à deux liquidations distinctes : la première résultant de l'actif réalisé sans frais et versé dans la caisse des gens de mer, sauf imputation des dépenses provenant du paiement des dettes privilégiées ; la deuxième établie par la curatelle à laquelle l'administration, usant de la faculté laissée par le décret du 27 janvier 1855, aurait confié la portion qui pouvait paraître litigieuse.

Le curateur aux biens vacants aurait d'ailleurs trouvé, comme vous le faites observer vous-même, dans l'application des dispositions du chapitre IV du susdit décret, les moyens de subvenir aux dépenses que cette gestion

---

(1) Annexes, p. 190.

aurait pu nécessiter, et il n'y aurait eu, par conséquent, aucun motif de verser entre ses mains les sommes réalisées. C'est cette marche qu'il convient de suivre dans les cas analogues.

Dans les cas analogues, l'envoi en France des fonds versés à la caisse des gens de mer, ainsi que de la liquidation dressée par l'administration de la marine, devra toujours être accompagné des informations recueillies sur l'importance des créances à recouvrer qui auront constitué la partie litigieuse de la succession, afin que, suivant les circonstances, le paiement des sommes réalisées puisse être effectué ou différé.

Il est regrettable que M. le commissaire de l'inscription maritime n'ait pas soumis ses doutes à l'autorité supérieure avant d'obtempérer à la demande du curateur, auquel il devait se dispenser de verser des sommes dont la recette avait été régulièrement faite par la caisse des gens de mer, et dont une partie figure à ce titre dans les écritures de Paris.

---

15 Juin 1871. — Dépêche Ministérielle au sujet des traites et autres effets de portefeuille provenant des successions maritimes. Mode à suivre pour leur envoi en France.

Par une lettre du 10 avril dernier, n° 263, vous m'avez soumis une divergence d'opinion qui s'est produite entre l'Administration et le Trésor, au sujet de l'encaissement « provisoire », dans la colonie, des traites et autres effets de portefeuille provenant de « successions maritimes ».

L'examen des faits que vous exposez m'a conduit à

penser que l'Administration, en invoquant les prescriptions générales contenues dans l'article 17 de l'instruction générale du 19 décembre 1859 (1), a perdu de vue que les trésoriers des colonies, agents directs du Trésor, n'agissent que comme préposés du trésorier général des Invalides, et n'ont, quelle que soit l'imputation des mandats émis sur les divers services composant l'Établissement des Invalides, qu'un seul compte ayant pour titre : « Trésorier général, son compte courant. »

Comme préposés, il leur est interdit de passer des écritures qui n'auraient pas pour but de débiter ou de créditer leur caisse. Ils ne peuvent donc se charger en recette du montant de traites ou autres effets de portefeuille dont la réalisation est indécise.

Il convient, dès lors, de continuer à suivre, dans les cas de l'espèce, le mode employé jusqu'à ce jour, c'est-à-dire de remettre au trésorier les valeurs dont il s'agit, dans les mêmes conditions que les bijoux et objets précieux.

Mais, comme ces valeurs ne peuvent être encaissées qu'à Paris, je vous prie de donner des ordres pour qu'à l'avenir les traites, bons de poste ou autres effets de même nature me soient adressés directement, sous le timbre de la présente dépêche.

---

2 Février 1881. — **Circulaire du Directeur de l'Intérieur de la Cochinchine au sujet des attributions des administrations, en matière de gestion de succession.**

A la suite du décès d'un employé, survenu dans une localité de l'intérieur, un de vos collègues a cru pouvoir considérer sa veuve comme unique héritière, par le fait

(1) Annexes, p. 192.

seul qu'elle était sans enfants. Par suite, les biens de la succession ont été dévolus à cette dernière, sans qu'elle eût produit son contrat de mariage, sans qu'on eût acquis la preuve que le défunt, à défaut d'enfants, ne laissait pas de parents au degré successible, en un mot sans que les formalités légales eussent été observées.

De pareilles irrégularités sont de nature à amener des réclamations, à faire naître de graves embarras, et, en particulier, à faire peser sur leurs auteurs une responsabilité matérielle à laquelle ils ne pourraient pas échapper. Aussi me semble-t-il utile de vous rappeler les règles auxquelles vous avez à vous conformer dans ces circonstances.

Officiers de l'état civil, vous devez, en recevant une déclaration quelconque de décès, vous informer si le défunt a des héritiers présents ou connus et s'il a laissé des sommes d'argent, des effets mobiliers, etc. Les informations ainsi recueillies, surtout si elles tendent à établir que les héritiers ne sont ni présents, ni connus, sont transmises sans retard à l'administrateur-juge de votre résidence, pour l'apposition et la levée des scellés et pour la rédaction de l'inventaire, et, en même temps, au curateur aux successions vacantes pour l'administration éventuelle de la succession.

Toutefois, il y a lieu d'envisager ici l'hypothèse où le décédé est un fonctionnaire, employé ou agent civil ou militaire, salarié sur les fonds de l'État ou de la colonie; la distinction suivante est alors à faire :

Si le décès s'est produit dans un arrondissement pourvu d'un chargé du service administratif, c'est à cet officier, représentant direct du commissaire aux revues, et à lui seul, que vous avez à adresser les résultats de vos informations. C'est lui qui a qualité pour procéder aux opérations premières et prendre les mesures conservatoires que nécessite l'ouverture de la succession.

Si, au contraire, l'administration de la marine n'a pas de représentant dans l'arrondissement, votre communication doit être faite, d'une part, à l'administrateur-juge de de votre résidence, d'autre part, au commissaire aux revues à Saïgon. L'administrateur-juge appose les scellés; quant aux opérations subséquentes (levée des scellés, inventaire, nomination, s'il y a lieu, d'un gardien des biens, et vente sur place des effets ou envoi de ces effets au chef-lieu), c'est à vous qu'il appartiendra de les consommer, si toutefois vous avez reçu à cet effet, du commissaire aux revues, une demande de concours qui doit être effective et spéciale à chaque cas. Alors vous ne perdrez pas de vue que le montant de toute vente doit être transmis à ce dernier fonctionnaire, par une occasion sûre et avec le moins de frais possible : les bijoux, objets de prix, souvenirs ou papiers de famille lui sont aussi envoyés.

Telles sont les conditions dans lesquelles votre intervention devra se renfermer. Vous ne pouvez faire aucun paiement ni poursuivre la rentrée d'aucune dette : c'est au chef-lieu que s'opère la liquidation de la succession.

Ces instructions un peu détaillées m'ont paru nécessaires pour prévenir des erreurs dans une matière délicate, où elles peuvent avoir les plus sérieuses conséquences pour vous.

Je vous engage, d'ailleurs, en terminant, à vous pénétrer des dispositions qui font l'objet du chapitre IV (art. 22 à 25) du décret du 27 janvier 1855, sur les successions vacantes, promulgué dans la colonie, par arrêté du 11 février 1867.

28 Juin 1880. — **Dépêche Ministérielle. — Communication d'un arrêt de la Cour de Cassation, annulant un arrêt de la Cour d'Appel de Saïgon dans l'affaire de la succession G.....**

Par une lettre du 20 août 1878, votre prédécesseur m'a fait connaître les difficultés que devait rencontrer l'administration de la marine, en Cochinchine, dans la gestion des successions maritimes, par suite de l'arrêt rendu le 21 juin 1878 par la Cour d'Appel de Saïgon, dans l'affaire G...

Partageant en tous points les considérations développées par M. le commissaire B.... dans le rapport qui accompagnait la lettre précitée, je me suis empressé, après avoir pris l'avis du comité consultatif du contentieux de la marine, de déférer l'arrêt en question à M. le Garde des sceaux, ministre de la justice.

Vous trouverez ci-joint copie de l'arrêt rendu, le 10 mai dernier, par la Cour de Cassation, annulant, dans l'intérêt de la loi seulement, celui de la Cour d'Appel de Saïgon, en date du 21 juin 1878.

ANNEXE

Arrêt de la Cour de Cassation.

La Cour :

. . . .

Vu les art. 25 du décret du 27 janvier 1855, 633 de l'ordonnance sur la marine du 25 mars 1765, 110 du Code Civil.

« Art. 25 . . . . (1).

---

(1) Page 187.

« Art. 633. L'intendant fera apposer les scellés par le « commissaire chargé du détail des revues, sur les effets « des officiers de la marine et autres entretenus qui mour« ront dans le port, ainsi que ceux des commis, des tréso« riers généraux, des munitionnaires et autres comptables « de la marine, et en fera faire les inventaires, sauf, en « cas de contestation entre les héritiers ou créanciers de la « succession, de les renvoyer devant les juges pour y être « par eux pourvu. Le major de la marine sera présent aux « scellés et inventaires des officiers de la marine. »

« Art. 110. Le lieu où la succession s'ouvrira sera déter« miné par le domicile. »

Attendu en fait, que le sieur G.... chef de bataillon d'infanterie de marine, inspecteur des affaires indigènes à Saïgon (Cochinchine), y est décédé le 26 juin 1877 ; que l'arrêt ne dénie pas qu'il eût à cette époque la qualité d'agent de la marine : qu'il ne constate pas qu'il eût transporté son domicile à la colonie, d'où suit qu'il l'avait conservé en France, et qu'aux termes de l'art. 110 du Code Civil, sa succession s'y est ouverte ;

Attendu que la Cour d'appel a décidé que par cela seul que G... était décédé à Saïgon, l'administration de la marine, par suite de la gestion qu'elle était appelée en un tel cas à exercer, remplissait l'office d'une véritable curatelle à successions vacantes, régie par les règles spéciales de la législation coloniale et représentait juridiquement la succession de G... à la colonie ;

Attendu en droit qu'aux termes de l'article 25 du décret du 27 janvier 1855 susvisé, en cas de décès dans la colonie d'un fonctionnaire ou d'un agent civil ou militaire, l'administration de la marine est chargée de procéder à l'apposition des scellés et d'administrer la succession suivant les formes et règles spéciales déterminées par les lois et ordonnances de la marine, et que ce soin est remis à l'officier chargé du détail des revues dans la colonie ;

Attendu que si, par dérogation aux articles 811 et 812 du Code Civil, la législation coloniale dispose, relativement aux successions vacantes qui s'ouvrent dans les colonies, que des curateurs en titre d'office sont chargés de remplir les fonctions définies aux articles 813 et 814 dudit code, lorsque, au cas de décès du « de cujus » et sans attendre l'expiration d'aucun délai, il ne se présente ni héritiers, ni légataire universel, ni exécuteur testamentaire, ces règles exceptionnelles déterminées par des considérations spéciales applicables aux successions d'individus étrangers à l'administration de la marine, ne sauraient être étendues aux successions des fonctionnaires ou agents civils ou militaires qui résident dans les possessions françaises, pour l'exercice temporaire de leur emploi et que, pour ces derniers, subsistent les règles du droit commun;

D'où suit que, en décidant qu'un créancier de la succession du sieur G..., agent de l'administration de la marine, décédé à Saïgon sans y être domicilié, avait pu légalement poursuivre en justice le recouvrement de sa créance contre l'officier chargé du détail des revues, considéré comme remplissant, d'après la législation coloniale, la curatelle d'une succession vacante, ouverte dans la colonie, l'arrêt attaqué a expressément violé les dispositions légales susvisées :

Par ces motifs, casse et annule, mais dans l'intérêt de la loi seulement, l'arrêt rendu par la Cour d'Appel de Saïgon, le 21 juin 1878, ordonne qu'à la diligence du procureur général près la Cour de Cassation, le présent arrêt sera imprimé et sera transcrit sur les registres de la Cour d'Appel de Saïgon, en marge de l'arrêt annulé.

. . . .

24 Mars 1881. — **Dépêche Ministérielle. — Des avances imputées sur les produits déposés à la Caisse des Gens de mer peuvent être faites au curateur aux biens vacants chargé des immeubles ou créances litigieuses laissées par un fonctionnaire de la marine, décédé.**

Par lettre du 20 août 1878, vous m'avez soumis la question de savoir si l'administration de la marine, usant de la faculté qui lui a été reconnue par le rapport introductif du décret du 27 janvier 1855, lorsqu'elle remet aux soins du curateur aux biens vacants la partie immobilière ou litigieuse d'une succession, doit également verser entre les mains de cet agent les produits de solde et autres qu'elle aurait encaissés, au titre de la même succession.

La négative résulte des termes de la dépêche du 20 décembre 1873 (affaire David), adressée à l'un de vos prédécesseurs : elle est, d'ailleurs, conforme à la doctrine toujours suivie par le département de la marine et qui vient de recevoir une nouvelle consécration dans l'arrêt rendu le 10 mai 1880 par la Cour de Cassation, infirmatif d'un arrêt de la Cour de Saïgon (succession Garrido). L'administration de la marine est, en effet, chargée spécialement de recueillir, pour les faire parvenir aux ayants droit, les décomptes de solde, les produits d'inventaire, toutes les sommes en un mot, qui composent généralement les successions dites « maritimes ».

C'est une mission officieuse en quelque sorte, et toute gratuite, à laquelle elle ne saurait se soustraire, tant à cause des intérêts des familles des défunts, qu'au point de vue des droits de déshérence éventuelle attribués à la caisse des Invalides sur les dépôts reçus dans la caisse des gens de mer.

Toutefois, ce principe m'a paru susceptible d'être concilié avec les termes de l'article 47 du décret de 1855 précité, d'après lesquels le fonds de prévoyance mis à la disposition du curateur n'a été créé que pour faire face aux frais indispensables et urgents occasionnés par les successions qui n'ont pas de produits réalisés. J'ai, en conséquence, décidé ce qui suit :

Lorsque la partie immobilière ou litigieuse de la succession d'un officier, fonctionnaire ou agent civil ou militaire sera remise au curateur aux biens vacants, il pourra être avancé à cet agent, sur les produits versés à la caisse des gens de mer, et après prélèvement des créances privilégiées, une somme destinée à couvrir lesdits frais. Le curateur se concertera avec le commissaire de l'inscription maritime pour la fixation de cette somme, qui devra être évaluée d'une manière assez large, afin de prévenir tout mécompte. En cas de désaccord, l'affaire sera soumise à l'appréciation commune de l'ordonnateur et du directeur de l'intérieur, et enfin, s'il est nécessaire, au gouverneur, qui statuera définitivement.

L'avance faite, imputée sur des produits recouvrés gratuitement par l'administration de la marine, ne donnera lieu à aucune rétribution au profit du curateur et devra être reversée à la caisse des gens de mer sur les premiers fonds réalisés par cet agent, au titre de la succession.

Un état de créances privilégiées acquittées sur les produits maritimes sera également délivré au curateur, en temps opportun, pour écarter la possibilité d'un double paiement

J'ajouterai que le compte de liquidation établi par le commissaire de l'inscription maritime, en conformité des prescriptions de la circulaire du 7 mars 1868 me sera adressé le plus tôt possible, sans qu'il soit besoin d'attendre le remboursement de l'avance faite au curateur, et devra être accompagné des informations recueillies sur l'importance des immeubles et des créances litigieuses à recouvrer. Ces indications auront pour but de mettre mon département en mesure de renseigner les héritiers ou autres intéressés.

---

18 Février 1882. — **Circulaire du Directeur de l'Intérieur de la Cochinchine. — Au sujet des attributions des administrateurs, en matière de gestion de successions.**

On me signale quelques irrégularités qui prouvent que quelques-uns de vos collègues n'ont pas une idée bien exacte de leurs attributions et de leurs devoirs en matière de successions.

Je vous prie de vouloir bien vous reporter, le cas échéant, à ma circulaire du 2 février 1881 et au décret du 27 janvier 1855, chapitre IV (art. 22 à 25) vous y trouverez toutes les indications dont vous pouvez avoir besoin.

J'appellerai tout particulièrement votre attention sur les soins que vous devez apporter dans l'envoi des successions au commissaire aux revues à Saïgon. Il importe que les papiers, objets de mobilier et autres d'une succession fassent l'objet d'un seul envoi et soient embarqués sur les vapeurs des Messageries de Cochinchine, au moyen de réquisitions détaillées, en retour desquelles le capitaine du bateau devra vous délivrer un reçu. D'un autre côté, vous aurez à adresser au commissaire aux revues un bordereau également détaillé des objets faisant partie de la succession, en même temps que vous lui annoncerez l'envoi.

Vous voudrez bien, à l'avenir, vous conformer strictement à ces instructions, en vous pénétrant bien de l'importance de vos fonctions dans le règlement des questions aussi délicates que celles des successions.

---

5 Mai 1882. — Circulaire Ministérielle au sujet des biens vacants.

Le département a été consulté sur la question de savoir si le curateur aux successions et biens vacants doit appréhender tous les biens délaissés dans la colonie par les personnes non attachées au service, fussent-elles décédées hors du territoire de la colonie ou simplement absentes et non représentées.

. . . .

Il suit de là que la curatelle est amenée à gérer les biens ou les successions d'une personne absente ou décédée hors du territoire de la colonie, lorsqu'il ne se présente personne ayant qualité pour en prendre la gestion, ou lorsque le mandataire préalablement constitué vient à décéder.

. . . .

Cette doctrine me paraît conforme à la pensée du législateur de 1855, qui a pour but principal de sauvegarder les intérêts des ayants droit lorsqu'ils sont éloignés de nos possessions d'outre-mer.

En outre, il peut arriver que, dans certains cas, le bureau des revues, se conformant aux instructions spéciales qui régissent son administration, ne pense pas devoir appréhender la succession ou les biens vacants d'un fonctionnaire ou agent civil ou militaire.

Les curateurs auront alors qualité pour intervenir après avoir, toutefois, constaté le refus de gestion de l'administration de la marine.

4 Janvier 1884. — Dépêche Ministérielle au sujet des successions des fonctionnaires et agents civils.

Vous m'avez signalé l'opportunité qu'il y aurait, d'après vous, à confier à la direction de l'intérieur la gestion des successions des fonctionnaires et agents civils.

L'examen de la question m'a fait connaître que cette modification de la législation pourrait avoir pour effet de remettre cette gestion entre les mains des curateurs aux successions vacantes.

L'ensemble des dispositions qui régissent actuellement la matière a été inspiré par la sollicitude du législateur qui a entendu exonérer les familles des fonctionnaires des frais de curatelle, tels qu'inventaire judiciaire, intervention des tribunaux, soit pendant la gestion, soit pour apurement, remises du curateur, etc.

Dans ces conditions, la Cochinchine étant, d'ailleurs, la seule colonie qui sollicite cette modification, je ne crois pas devoir créer une législation contraire à celle qui existe dans les autres colonies, laquelle n'a jusqu'ici provoqué aucune critique.

---

5 Novembre 1884. — Circulaire Ministérielle concernant les réclamations des créanciers des militaires de l'armée de terre décédés aux colonies.

Les produits des successions des militaires de l'armée de mer décédés dans les colonies sont versés à la caisse des dépôts et consignations, qui en demeure comptable.

Lorsque le défunt laisse des dettes non privilégiées, les factures ou notes des créanciers sont acceptées par cette caisse comme des oppositions : si les héritiers y consentent, l'ordonnancement a lieu au profit des créanciers, jusqu'à concurrence de leur réclamations. Dans le cas contraire, les sommes réclamées sont laissées en réserve.

Il a été reconnu indispensable d'assigner une limite au-delà de laquelle ces réclamations ne seraient plus admises, et cette limite a été fixée à cinq années, au terme desquelles les oppositions pratiquées dans les formes légales doivent être renouvelées, conformément à l'article 11 de la loi du 8 juillet 1837.

J'ai, en conséquence, l'honneur de vous prier de vouloir bien inviter les commissaires aux revues à prévenir les créanciers des militaires de l'armée de terre décédés que leurs réclamations demeureront sans effet si, dans les cinq ans à compter du jour où ils les auront formulées, ils ne se sont pas entendus avec les héritiers pour obtenir le paiement de leurs créances, ou s'ils n'ont pas formé des oppositions régulières à la direction générale de la caisse des dépôts et consignations, à Paris.

---

9 Juin 1887. — Circulaire Ministérielle au sujet des successions maritimes à envoyer en France par les paquebots.

Depuis que les transports de l'État ne visitent plus nos possessions des Antilles et de la Guyane qu'une fois l'an, les successions en nature provenant des officiers, fonctionnaires, marins et soldats décédés dans ces colonies sont remises tardivement aux familles, et, par suite, les effets corporels se trouvant détériorés et souvent hors d'usage.

les intéressés demandent au département des indemnités à raison du préjudice éprouvé.

Pour remédier à cet état de choses, il m'a paru nécessaire de recourir aux paquebots pour transporter en France les successions dont il s'agit : j'ai arrêté à cet effet les dispositions suivantes :

En ce qui concerne la Martinique, la Guadeloupe et la Guyane, d'où le transport de l'État revient dans nos ports de la métropole vers le mois de juin, il sera fait deux envois par les paquebots de la Compagnie générale transatlantique, tous les ans en février et en octobre.

En dehors de ces époques, on ne devra employer ce mode de transport qu'en cas d'urgence et lorsque les produits de succession auront une certaine importance, en ayant soin de me rendre compte sous le timbre « Invalides », des raisons qui auront motivé ces envois exceptionnels.

Le frêt à payer étant relativement onéreux, même en tenant compte de la réduction au département, il est bien entendu que cette mesure ne sera appliquée qu'aux effets, bijoux, armes et objets précieux. On continuera à vendre, dans la colonie, comme cela s'est toujours pratiqué, les effets corporels susceptibles de détérioration, ainsi que les articles encombrants, à moins que les héritiers n'en réclament le renvoi en France aux frais de la succession.

En ce qui concerne la Cochinchine, le Tonkin, la Réunion, la Nouvelle-Calédonie, l'Océanie, le Sénégal, le Gabon, Obock, Mayotte, Nossibé, la même mesure leur sera applicable, mais éventuellement, eu égard aux relations plus fréquentes que ces colonies ont avec la métropole par bâtiments de l'État.

Quant à l'Inde qui n'a pas de communications régulières avec la métropole par transports de l'État, il y aura lieu d'employer la voie des paquebots trois fois par an (février, juin, octobre).

Les règles relatives aux envois de bijoux et valeurs par les bâtiments de l'État, fixées par les circulaires des 22 avril 1850 et 30 janvier 1875, seront suivies pour les paquebots. J'appelle à ce sujet votre attention sur la rédaction du procès-verbal d'encaissement à bord, dont une expédition doit être envoyée à l'autorité maritime du port de destination.

J'ai eu lieu de remarquer que le dit procès-verbal ne contient pas toujours des renseignements précis sur le dernier domicile du défunt et sur la résidence de sa famille.

Il importe, en outre, de ne pas scinder, autant que possible, les successions, c'est-à-dire de ne pas faire plusieurs envois pour la transmission des objets appartenant à une même succession, afin d'éviter des complications pour le le service et d'épargner aux familles la répétition des formalités toujours pénibles pour elles.

---

12 Juillet 1887. — **Circulaire Ministérielle. — Frais de transport des successions maritimes à envoyer en France, par les paquebots.**

Pour faire suite à ma circulaire du 9 juin 1887, j'ai l'honneur de vous informer que les frais de transport « éventuel » par paquebots, des effets, bijoux, armes et objets précieux ayant appartenu à des officiers, fonctionnaires, marins et soldats décédés dans nos possessions d'outre-mer, seront supportés, suivant le cas, par les budgets de la Marine, de l'Administration des colonies ou du Protectorat du Tonkin et de l'Annam.

En ce qui concerne l'exercice 1887, les chapitres d'imputation seront, pour le service marine : le chapitre 35, frais de passage, art. 1er ; pour le service colonial : le chapitre 14, dépenses diverses.

Les dits frais de transports relatifs au personnel, quel qu'il soit, du Tonkin ou de l'Annam, seront imputés au chapitre précité du budget de la marine, à charge de remboursement par le Protectorat.

Quant aux dépenses de même nature incombant au Protectorat de Madagascar, elles seront supportées définitivement par le budget de la marine.

12 Juillet 1888. — **Circulaire du Lieutenant Gouverneur de la Cochinchine au sujet des renseignements à fournir pour les successions des fonctionnaires et employés de la colonie, décédés.**

Il arrive fréquemment que les décès des fonctionnaires et employés de la Colonie ne me sont pas signalés assez tôt pour que je puisse aviser en temps opportun M. le Commissaire aux revues, qui est chargé, en Cochinchine, de la liquidation des successions afférentes à ce personnel.

Il en résulte que ce fonctionnaire ne peut, le plus souvent, apposer les scellés au domicile des défunts que longtemps après le décès survenu, et il n'est pas nécessaire d'insister pour faire ressortir les graves inconvénients que présente cette façon d'opérer. Vous reconnaîtrez, en effet, qu'il est de la plus grande importance que l'apposition des scellés soit faite dans le plus bref délai possible, afin de mettre à l'abri de tout vol ou de toute tentative de ce genre les valeurs et effets mobiliers composant l'actif de la succession.

J'ai, en conséquence, l'honneur de vous prier de vouloir

bien donner des ordres pour qu'à l'avenir la plus grande diligence soit apportée par les employés sous vos ordres dans la notification des décès au service compétent.

Je profite de cette occasion pour vous demander de vouloir bien, afin de faciliter les recherches de M. le Commissaire aux revues, tant au point de vue des titres que peuvent laisser les fonctionnaires décédés, que du nombre des héritiers, appelés à leur succéder, me faire adresser, en même temps que l'avis de décès, les renseignements contenus dans le questionnaire ci-joint, ou tout au moins ceux qu'il vous sera possible de recueillir.

---

11 Novembre 1888. — **Arrêté du Gouverneur Général de l'Indo-Chine relatif au mode de liquidation des successions, en Annam et au Tonkin.**

ARTICLE PREMIER

Les successions des fonctionnaires et agents civils du Protectorat seront liquidées par les soins des services administratifs, d'après les lois et ordonnances en vigueur en Cochinchine.

. . . .

---

18 Novembre 1889. — **Circulaire Ministérielle contenant de nouvelles instructions relatives à l'envoi en France des fonds disponibles du service Gens de mer.**

J'ai remarqué que, depuis quelque temps, les envois en France des fonds provenant des successions maritimes en dépôt à la caisse des gens de mer ne se font pas avec toute la régularité désirable, et même que certaines colonies semblent avoir perdu de vue les dispositions du règlement du 31 août 1838 (1), et des circulaires du 28 novembre 1859 (2) et 30 avril 1861 (3).

Il m'a paru utile, par suite, de résumer les prescriptions contenues dans ces divers actes, et de vous donner, pour leur application, des instructions précises afin que cette partie du service fonctionne à l'avenir d'une manière régulière et uniforme dans toutes nos possessions d'outre-mer.

J'appelle tout d'abord votre attention sur la nécessité d'observer strictement l'article 40 du règlement du 31 août 1838 qui prescrit de porter en regard de chaque article du bordereau mensuel des dépôts, gens de mer, suivant le cas, l'une des trois apostilles ci-après, savoir :

Payé dans la colonie (avec la date du payement), si le dépôt a été remboursé dans le mois de la recette;

Payable en France, si le dépôt ne paraît pas susceptible d'être réclamé dans la colonie;

Payable dans la colonie, jusqu'au..... (en indiquant le dernier jour du même mois de l'année suivante), dans le cas où il serait présumable que les ayants droit se présenteraient dans le cours de l'année.

D'autre part, il importe également de ne point perdre de vue qu'aux termes des circulaires précitées, l'envoi en France des fonds libres des services « Invalides » et « gens de mer » doit avoir lieu mensuellement.

Cette remise de fonds, qui s'effectue au moyen de mandats sur le caissier-payeur central du Trésor public, à l'ordre du Trésorier général des Invalides, comprend, non seulement les fonds disponibles du service Invalides,

---

(1) B. O. R., III, p. 355.
(2) Manuscrite.
(3) B. O., p. 313.

mais encore la totalité des sommes provenant du service gens de mer, qui sont immédiatement payables en France, ainsi que le montant de celles qui, conservées provisoirement dans la colonie, doivent être acquittées en France et, enfin, les dépôts ayant plus d'une année de date et ne pouvant plus, dès lors, être remboursés que sur mandats expédiés de Paris (1).

En cas de réserves à faire dans la colonie pour subvenir à l'acquittement de dépenses présumées sur le service Invalides, ces réserves ne peuvent porter que sur les excédents de recette de ce service, la totalité des fonds disponibles du service gens de mer devant toujours être transmise en France.

Chaque mandat d'envoi de fonds sera dorénavant accompagné d'un état nominatif détaillé, établi d'après le modèle annexé à la présente circulaire (2).

S'il arrivait, en fin de mois, que les dépenses pour le compte de l'Établissement des Invalides dépassent les recettes et que, par conséquent, il n'y ait pas lieu à envoi de fonds libres, il conviendrait de transmettre néanmoins, avec la comptabilité du mois, un état dressé comme il est dit ci-dessus, et sur lequel le titre de la dernière colonne serait remplacé par celui de « sommes disponibles payables en France ».

---

(1) Sauf pour le Sénégal en ce qui concerne les versements faits à la caisse des gens de mer à titre de solde, etc., revenant au personnel du Soudan français qui peuvent être conservés dans la colonie pendant deux ans. (Dépêche du 17 mai 1888.)

(2) Voir planche n°. XLI.

14 Mars 1890. — **Décret portant : 1° application à toutes les colonies françaises, du décret du 27 janvier 1855 portant règlement d'administration publique sur l'administration des successions vacantes dans les colonies de la Martinique, de la Guadeloupe et de la Réunion ; 2° modification des articles 1er, 12, 19, 26, 44 et 46 dudit décret.**

ARTICLE PREMIER

Les dispositions du décret du 27 janvier 1855, portant règlement d'administration publique sur l'administration des successions et biens vacants dans les colonies de la Martinique, de la Guadeloupe et de la Réunion, sont rendues applicables, à partir de la promulgation du présent décret, à toutes les colonies de la République Française.

ARTICLE II

. . . .

---

30 Avril 1890. — **Circulaire du Sous-Secrétaire d'État des Colonies. — Les successions de fonctionnaires et d'agents ne doivent pas être remises à la curatelle.**

Depuis quelque temps certaines administrations coloniales font appréhender des successions de fonctionnaires ou d'agents par le service de la curatelle.

Je crois devoir vous rappeler, à cette occasion, que le décret du 27 janvier 1855, portant règlement d'administration publique sur la gestion des successions et biens vacants à la Martinique, à la Guadeloupe et à la Réunion, décret rendu applicable à nos diverses possessions d'outre-mer par des actes ultérieurs, a maintenu la compétence des agents de la marine pour l'administration exclusive des successions des fonctionnaires et officiers. De plus, aux termes de l'article 1er de l'arrêté ministériel du 20 juin 1864, sur la comptabilité de la curatelle, ce service comprend : « 1° Les successions de personnes décédées aux colonies « (« autres que les fonctionnaires et agents civils et mili- « taires »), au sujet desquelles il ne se présente ni héritiers, « ni légataire universel, ni exécuteur testamentaire; 2° les « biens vacants et sans maîtres. »

Il ne peut être fait d'exception à cette règle que dans certains cas peu nombreux : quand la succession doit soutenir un procès ou lorsqu'il s'agit de gérer ou de vendre des immeubles : en un mot, lorsque la succession présente une liquidation longue et difficile.

En n'appliquant pas ces prescriptions, les administrations agissent contre les intentions du législateur qui, en confiant les successions des fonctionnaires et agents décédés au commissaire aux revues, dont les services sont gratuits, a voulu épargner aux familles les frais qu'entraîne l'intervention d'un curateur.

En conséquence, j'ai l'honneur de vous prier de donner des « ordres formels » pour qu'à l'avenir les prescriptions des décrets des 27 janvier 1855 (1) et 14 mars 1890 (2) soient strictement exécutées dans toutes nos possessions d'outre-mer.

Je n'hésiterai pas à renvoyer dans la colonie le dossier de successions qui seraient irrégulièrement appréhendées par la curatelle.

---

(1) Annexes, p. 185.
(2) Annexes, p. 227.

28 Septembre 1892. — **Circulaire Ministérielle au sujet des retards apportés dans l'envoi des comptabilités « Invalides » et « gens de mer » et dans le règlement des successions maritimes.**

Mon attention a été appelée récemment sur les lenteurs apportées par certaines administrations coloniales dans le règlement des successions maritimes, ainsi que sur l'envoi tardif des comptabilités « Invalides » et « gens de mer » et des fonds libres de ces services.

Il arrive fréquemment que le compte de liquidation d'une succession est adressé à Paris plusieurs mois après que tous les produits ont été versés à la caisse des gens de mer ; ou bien que ledit compte de liquidation mentionne des recettes dont les pièces justificatives ne sont pas encore parvenues au Ministère ; ou encore qu'il s'écoule un temps plus ou moins long entre l'envoi du compte de liquidation et la transmission de l'excédent disponible.

Ces faits occasionnent des retards qui mettent mon département dans l'impossibilité de satisfaire en temps opportun aux légitimes réclamations des héritiers, et l'exposent ainsi à des récriminations fondées.

A diverses reprises, mes prédécesseurs vous ont adressé à cet égard des recommandations dont je crois devoir vous rappeler ici les principales.

J'insisterai tout d'abord sur la nécessité de transmettre chaque mois, et le plus rapidement possible à Paris, les pièces justificatives des recettes et des dépenses effectuées pour le compte de l'établissement des Invalides, accompagnées du bordereau (en double expédition, dont l'envoi est prescrit par le règlement du 31 août 1838, art. 7 (B. O. R. III, p. 455), et de l'état nominatif détaillé des sommes payables en France, établi conformément au modèle annexé à la circulaire du 18 novembre 1889 (1).

Ces documents devront être expédiés autant que les nécessités du service ou les circonstances le permettront, par le plus prochain courrier quittant la colonie après la date de clôture des écritures mensuelles, et « au plus tard » par le premier courrier du second mois qui suivra cette date de clôture.

Il convient, d'autre part, d'apporter la plus grande diligence aux diverses formalités auxquelles doivent procéder, suivant le cas, les commissaires aux revues ou les commissaires de l'inscription maritime pour le règlement des successions (circulaire du 7 mars 1868) (2). En traitant avec un peu plus d'attention cette partie du service, la plupart des liquidations de successions pourraient être arrêtées dans le courant du mois qui suit le décès, surtout si ce décès est survenu au port chef-lieu de la colonie ou à proximité de cette localité, et l'actif versé dans ces conditions à la caisse des gens de mer pourrait me parvenir dans le délai maximum de trois mois, même en tenant compte des distances les plus éloignées.

Je vous ferai remarquer, à ce sujet, qu'il n'y a pas lieu d'attendre, pour transmettre à mon département le compte de liquidation d'une succession, que toutes les créances privilégiées qui y figurent aient été payées. Dès que le dit compte est établi, il doit être adressé à Paris avec la comptabilité du mois pendant lequel il a été arrêté, et l'excédent net payable en France, doit être immédiatement compris sur l'état « fonds libres » annexé à la dite comptabilité.

---

(1) Page 224, planche n° XLI.
(2) Page 203.

31 Décembre 1892. — **Décret concernant l'organisation du service administratif de la Marine dans les colonies.**

ARTICLE PREMIER.

Dans les colonies où il n'existe pas d'officier du commissariat colonial, un fonctionnaire est chargé, sous l'autorité de ses supérieurs hiérarchiques, d'assurer le service administratif de la Marine.

Il est désigné par le Gouverneur et choisi, autant que possible, parmi les agents des directions de l'intérieur.

. . . .

ARTICLE 4.

Dans toutes les colonies et dans le Protectorat de l'Annam et du Tonkin, le service (y compris le mandatement des dépenses) des caisses des Invalides, des gens de mer et des prises, ainsi que celui de l'inscription maritime et de la police de la navigation est assuré soit par le commissariat colonial, soit par un fonctionnaire, ce dernier désigné et agissant comme il est dit à l'article 1er du présent décret, mais n'ayant droit, de ce chef, à aucune indemnité.

. . . .

15 Avril 1893. — **Instruction pour l'exécution du décret du 31 décembre 1892 concernant le service administratif de la Marine dans les colonies.**

. . . .

B. — *Caisse des gens de mer.*

La caisse des gens de mer a pour mission de rechercher, de recevoir et de garder, pour les remettre aux ayants droit : les sommes acquises aux marins de l'État non présents au moment de la liquidation de leurs créances ; les salaires acquis par les marins de la marine marchande ; le montant des successions des marins de l'État ou du commerce, des militaires des corps de troupes de la marine, des fonctionnaires et agents, soit de la marine, soit des colonies ; le produit du butin fait sur l'ennemi, et, enfin, les produits de la vente des débris ou des marchandises provenant d'échouements ou de naufrages de navires français ou étrangers.

Les opérations de la caisse des gens de mer, sur lesquelles il convient d'appeler tout particulièrement l'attention de l'Administration coloniale, sont celles relatives aux successions et aux bris et naufrages.

Successions. — Les instructions à consulter dans l'espèce sont celles contenues dans la circulaire de la marine, en date du 7 mai 1868 : cette circulaire, basée sur le décret du 27 janvier 1855 relatif à la gestion des successions et biens vacants aux Antilles et à la Réunion, et sur l'instruction du 28 novembre 1856, a déterminé de la manière suivante le mode d'administration des successions des différents corps de la marine, ainsi que des fonctionnaires et agents des colonies.

Dès que l'avis du décès d'un fonctionnaire ou agent parvient au commissaire aux revues, celui-ci doit, s'il y a lieu, procéder à l'apposition (1), et, ultérieurement, à la levée des scellés, faire faire l'inventaire administratif, procéder à la vente de ceux des objets dépendant de la succession qu'il ne paraît pas à propos de conserver en nature pour la famille absente : il établit le décompte de

---

(1) Circul. du 31 août 1881 (B. O., p. 550).

la solde acquise, fait les diligences nécessaires pour le recouvrement des dettes actives, et prépare les pièces au moyen desquelles sont versés ou déposés immédiatement à la caisse des gens de mer, avec le concours du commissaire de l'inscription maritime, le numéraire, les effets de portefeuille, les bijoux et autres valeurs ; il doit, en outre, par des insertions au Journal officiel de la colonie, ou par tout autre moyen de publicité, inviter les créanciers du défunt à produire leurs titres dans un délai déterminé, et recueillir de cette façon les factures, comptes, bordereaux, états des dépenses et autres éléments du passif de la succession. Ces préliminaires achevés avec toute la promptitude qu'ils peuvent comporter, le commissaire aux revues dresse, en double expédition, par débit et crédit, un compte provisoire de la liquidation de ladite succession, et le transmet, avec les pièces à l'appui, au commissaire de l'inscription maritime. Ce dernier classe alors les dettes suivant le privilège que la loi accorde à chacune d'elles, mandate, en proportion de l'actif, celles qui sont privilégiées, conserve les titres des autres créanciers au dossier, prépare les remises à faire à Paris, et, dans ce but, dresse la liquidation définitive, faisant ressortir le reliquat à envoyer en France. Si postérieurement au compte de liquidation établi par le commissaire de l'inscription maritime et adressé en France, il se manifestait de nouvelles ressources, ou s'il survenait de nouvelles réclamations, il serait alors dressé une liquidation rectificative qu'il conviendrait de transmettre immédiatement au département de la marine.

Les bijoux et objets en nature non périssables et pouvant être de quelque intérêt pour les familles doivent être renfermés dans des caisses et adressés à l'autorité maritime du port où se rend le bâtiment à bord duquel ils sont placés. Une expédition du procès-verbal de remise des bijoux et objets en nature au bâtiment transporteur est adressée au ministère de la marine, sous le timbre de l'établissement des Invalides (1).

Telles sont les règles principales à suivre pour l'administration des successions dont il s'agit, sauf la restriction que les attributions dévolues précédemment au commissaire aux revues et au commissaire de l'inscription maritime seront dévolues à un seul et même fonctionnaire, l'ordonnateur des recettes et des dépenses de la caisse des gens de mer, et qu'il ne sera, par suite, établi qu'une seule liquidation, c'est-à-dire, celle dont une expédition doit être transmise en France.

. . . .

COMPTABILITÉ

La comptabilité de l'Établissement des Invalides de la marine est régie par le décret du 30 novembre 1887 (2), et par les instructions du 19 décembre 1859 (3), et 27 décembre 1887 (4).

Les trésoriers-payeurs coloniaux, agissant pour compte du trésorier général des Invalides, ne peuvent effectuer aucune recette et aucune dépense sans un mandat de l'Administration locale (5), c'est-à-dire du fonctionnaire désigné à cet effet par le gouverneur de la colonie et substitué au commissaire de l'inscription maritime.

Les arrérages de pensions dites demi-soldes ou pensions dérivées et ceux des gratifications de réforme sont payés sur certificats de vie portant quittance et visés au

---

(1) Circul. de la marine des 30 janvier 1875 et 5 mai 1888.
(2) *Bulletin officiel de la marine*, p. 755.
(3) *Bulletin officiel de la marine*, 1er semestre 1860, p. 180
(4) *Bulletin officiel de la marine*, p. 730.
(5) Décret du 30 novembre 1887, art. 12.

préalable, *bon pour payement*, par l'ordonnateur mentionné ci-dessus (1).

Les justifications comptables à produire à l'appui des recettes et des dépenses de l'Établissement des Invalides sont indiquées dans l'instruction du 19 décembre 1859 et dans la nomenclature qui y est annexée.

Les autorisations ministérielles prévues aux articles 116, 121 et 124 de l'instruction précitée, concernant l'admission de procurations souscrites au profit d'une personne étrangère à la famille du marin, et le payement d'un produit de succession sur preuve administrative de décès, peuvent être données directement par le gouverneur de la colonie (2).

L'ordonnateur des recettes et des dépenses de l'Établissement des Invalides veille à ce que le trésorier-payeur colonial adresse mensuellement (3) au Département de la marine ses pièces comptables du mois précédent, renfermées dans les bordereaux, dont le modèle est donné dans la circulaire du 31 août 1838, et remette, en même temps, au moyen d'un mandat sur le caissier-payeur central du Trésor public à l'ordre du trésorier général des Invalides, les excédents de recettes de l'Établissement des Invalides.

Cette remise comprend les sommes payables immédiatement en France, celles qu'on aurait cru devoir conserver provisoirement, et, enfin, celles ayant plus d'une année de date (4).

Aucune somme versée dans la colonie, au titre soit de

---

(1) Décret du 30 novembre 1887, art. 11, 16, 17, et 18 ; instruction du 27 décembre 1887.

(2) Circul. des 26 mai 1862 et 18 janvier 1864.

(3) Circul. et règlement du 31 août 1838 ; Circul. des 3 juin 1845, 25 mai 1846 et 30 avril 1861.

(4) Circul. et règlement du 31 août 1838 : Circul. des 28 novembre 1859, 30 avril 1861 et 18 novembre 1889.

la caisse des prises, soit de la caisse des gens de mer, ne peut être gardée localement plus d'une année.

Les sommes qui viendraient à être réclamées dans la colonie par les ayants droit après leur envoi en France, ne pourront être payées que sur mandats du chef du 1er bureau des Invalides.

L'ordonnateur des recettes et des dépenses de l'Établissement des Invalides tient enregistrement (imprimé de la Marine n° 3535) des mandats qu'il émet, afin de pouvoir ainsi vérifier, chaque mois, la comptabilité du trésorier-payeur colonial, concernant ledit Établissement, avant son envoi en France.

La présente instruction, tout en constituant un guide utile à consulter, ne saurait dispenser les administrateurs auxquels elle s'adresse de recourir aux textes originaux.

Le Département de la marine compte, à cet égard, sur le zèle de chacun et ne peut qu'inviter les intéressés à lui soumettre les difficultés qui pourront se présenter.

---

20 Avril 1893. — **Circulaire Ministérielle. — Sont dispensés de l'enregistrement les certificats de propriété ainsi que les actes de notoriété produits aux comptables par des héritiers, en vue du paiement de sommes dues par l'Établissement des Invalides de la Marine.**

Diverses circulaires du Département des finances, et notamment celle de la Direction générale de la comptabilité publique en date du 27 mars 1880, ont dispensé de l'enregistrement les certificats de propriété présentés aux comptables du Trésor par des héritiers en vue d'obtenir le payement de sommes dues par l'État, à titre de pension, de secours, de traitement ou de solde d'activité.

S'appuyant sur ces dispositions bienveillantes, mon prédécesseur a demandé à son collègue au ministère des finances, si cette dispense d'enregistrement pouvait s'appliquer aussi aux certificats de propriété et même aux actes de notoriété produits par des héritiers pour le payement de sommes dues par l'Établissement des Invalides de la marine, sommes se composant généralement d'arrérages de pensions dites demi-soldes, de la solde, de l'argent trouvé au décès et du montant de la vente des effets personnels des marins de l'État ou du commerce, des militaires des corps de troupes de la marine, des fonctionnaires et agents divers de la marine et des colonies qui meurent dans nos possessions d'outre-mer.

J'ai l'honneur de vous notifier ci-après la réponse de mon collègue, M. Peytral, qui conclut pour l'affirmative, à la condition toutefois qu'il ne soit pas fait usage desdits certificats de propriété ou acte de notoriété, soit dans un acte authentique, soit devant les tribunaux ou toute autre autorité constituée.

Paris, le 12 avril 1893.

Par une dépêche du 19 décembre 1892, votre prédécesseur a exprimé le désir de savoir si l'exemption d'enregistrement reconnue applicable aux certificats de propriété présentés aux comptables du Trésor public pour le paiement de sommes dues par l'État, peut être étendue aux certificats de l'espèce et aux actes de notoriété produits par des héritiers en vue de paiements de sommes dues par l'Établissement des Invalides de la marine.

Je n'hésite pas à me prononcer pour l'affirmative.

Comme le rappelle la dépêche de M. Burdeau, une circulaire de la comptabilité publique du 27 mars 1880, porte que les certificats de propriété produits aux comptables du Trésor par des héritiers pour le paiement du prorata dû par l'État d'un traitement ou d'une solde d'activité sont exempts d'enregistrement.

C'est l'application d'un principe admis par plusieurs décisions ministérielles qui ont étendu aux certificats de propriété destinés à établir les droits de créanciers de l'État, la dispense d'enregistrement accordée par un décret du 21 août 1806 aux certificats de vie nécessaires pour le paiement des rentes viagères et pensions sur le Trésor public.

Or l'Établissement des Invalides de la marine constitue un service de l'État, ainsi que l'a reconnu une décision de mon prédécesseur du 15 avril 1891.

Il en résulte qu'on doit considérer comme exempts d'enregistrement les certificats de propriété et les actes de notoriété dont il s'agit.

Il est bien entendu, d'ailleurs, que cette exemption profite uniquement à la production faite aux comptables en vue du paiement de la créance, et qu'elle cesserait s'il était fait usage des pièces, soit dans un acte authentique, soit devant les tribunaux ou toute autre autorité constituée

TABLE DES TEXTES

TABLE DES MODÈLES

DES IMPRIMÉS

Paris. Imp. G. Firquain 58 rue de Lille

www.ingramcontent.com/pod-product-compliance
Ingram Content Group UK Ltd.
Pitfield, Milton Keynes, MK11 3LW, UK
UKHW031837260826
14628UKWH00001B/447

9 782013 078900